Antonio Socci

Caterina

Diario di un padre nella tempesta

Rizzoli

ISBN 978-88-17-04508-7

Prima edizione: luglio 2010
Seconda edizione: luglio 2010
Terza edizione: luglio 2010
Quarta edizione: luglio 2010
Quinta edizione: luglio 2010
Sesta edizione: agosto 2010
Settima edizione: agosto 2010

I proventi dell'autore saranno impiegati
per sostenere opere di carità e di evangelizzazione missionaria.

Per comunicazioni o ulteriori notizie sull'autore è possibile consultare il sito
www.antoniosocci.com

A Maria Santissima e al suo Cuore Immacolato,
che è stato, è e sarà sempre nostro sicuro rifugio,
affido e consacro questo libro.

A tutti coloro che ci hanno fatto sentire
la carezza del Nazareno,
accogliendoci come fratelli e pregando,
offrendo e soffrendo per Caterina

«Il momento verrà, il pericolo sarà grande, tutto sembrerà perduto... Allora io sarò con voi.»

La Madonna nell'apparizione
a santa Caterina Labouré (Parigi 1830)

«Dio non turba mai la gioia dei suoi figli se non per prepararne loro una più certa e più grande.»

Alessandro Manzoni

Quei bambini del lebbrosario...

Tante persone – scrivendo al mio blog – hanno continuato, nel corso dei mesi, a chiedermi come sta Caterina e come si evolve la sua situazione. Alcuni mi parlano delle proprie afflizioni, delle prove che devono vivere e mi domandano come riuscire a non restarne schiacciati.

Ho scritto questo libro per loro e per ringraziare i moltissimi che hanno pregato e pregano per Caterina. Ma oso (sfacciatamente) mendicare ancora preghiere ardenti perché restiamo nella tempesta o – almeno – siamo ancora in cammino. Un cammino lunghissimo, drammatico e pieno di pericoli e incognite.

Questo libro vuole essere anche un atto di fede in Gesù che ci esorta a pregare come se avessimo già ottenuto ciò che chiediamo. E quindi un atto di ringraziamento.

Insieme vuole essere il mio ringraziamento a Dio per averci dato Caterina. Lo ringrazio di averla creata e fatta cristiana. Lo ringrazio di averla fatta così buona e bella, anche nell'anima. Lo ringrazio dello splendido popolo cristiano in cui è cresciuta e che l'ha sostenuta nella terribile prova presente. A questo popolo chiedo, con gratitudine, ancora preghiere per la nostra principessa...

Voglio testimoniare infine ciò che ha sostenuto me finora,

ciò che mi ha dato conforto, coraggio, forza e anche gioia, pur fra le lacrime. Perché forse può essere un conforto e un abbraccio per altri che si trovano nella prova.

È un gesto d'amore che voglio fare con Caterina e per Caterina, verso molti sofferenti che sono soli, che non hanno la fortuna di avere tanti amici accanto, come abbiamo noi. Vorrei che ci sentissero vicini. La Madonna ci esorta ad aver compassione della sofferenza di tutti come l'abbiamo per il dolore dei nostri figli. Come se fossero tutti nostri figli.

Tentare di dare anche un soccorso materiale, concreto, è una delle cose che abbiamo deciso di fare, fin dall'inizio del dramma di Caterina. Abbiamo aiutato i bambini di un lebbrosario di un Paese del Terzo Mondo[1] che ci hanno sciolto il cuore facendoci sapere, tramite un meraviglioso missionario, di aver pregato per Caterina. Li sentiamo come parte della nostra famiglia e della nostra compagnia.

Il dolore del mondo è un oceano sconfinato. Se noi facciamo la nostra piccola parte, il possibile, al resto pensa Lei, la Madre dolce e benedetta. Anche con i diritti d'autore di questo libro, dunque, voglio continuare aiutando – finché avrò respiro – altre opere missionarie e di carità per i più poveri e abbandonati.

Per esempio sosterremo il Meeting Point International (partner dell'Associazione Volontari per il Servizio Internazionale, AVSI) della splendida Rose Busingye[2] che a Kampala rappresenta una luminosissima speranza per tante donne poverissime e ammalate di Aids.[3]

[1] Non posso essere più preciso perché il regime di quel Paese non tollera che si parli di lebbra: ne pagherebbero le conseguenze i missionari.

[2] Per capire chi è Rose consiglio di leggere *Un'avventura per sé* (a cura di Paola Brizzi e Alberto Savorana), BUR 2008, pp. 17-25.

[3] Nel 2008 è stato presentato al festival di Cannes un documentario su Rose e le donne del Meeting Point, *Greater*, che è stato premiato dalla giuria presieduta da Spike Lee.

Vorremmo aiutare anche – in ricordo di Andrea Aziani (di cui parlo nel libro) – i ragazzi più poveri delle disastrate periferie di Lima in Perù, per metterli in condizione di poter studiare. E anche una grande opera come Radio Maria, che sta compiendo un mirabile sforzo missionario in Africa.

Infine vorremmo aiutare, con adozioni a distanza, le povere ragazzine cristiane del Pakistan, dove essere cristiani condanna a una sorte pesantissima, a volte orrenda.[4]

Cosicché da un grande male che ha colpito la nostra famiglia, per grazia di Dio, possano nascere un bene e un conforto per tanti che sono sottoposti a dure prove.

Con Caterina, offriamo le nostre sofferenze per la gloria di Gesù, perché sia visibile la sua misericordia già quaggiù e per la salvezza dell'umanità intera (a cominciare da coloro che odiano).

Antonio Socci

[4] Vedi Stefano Vecchia, *Il caso pakistano. Governo costretto ad ammettere: un vero racket rifornisce i ricchi*, «Avvenire», 10 giugno 2010.

Prima parte

Una figlia crocifissa

«Dio è con noi! Non nell'azzurra volta, non al di là degli infiniti mondi, non nel fuoco violento ed in tempesta, non nell'oblio dei trascorsi tempi. Egli ora è qui! Fra i vani e tristi casi, nel fiume, che la vita ansiosa turba... Dio è con noi!»

Vladimir Solov'ëv

Settembre bello e straziante

«Toglimi il pane, se vuoi,
toglimi l'aria, ma
non togliermi il tuo sorriso.»

Pablo Neruda

La mattina di quel 12 settembre ero baldanzoso come un bambino e non sapevo che Caterina, la mia Caterina, doveva morire quella sera stessa. Era scritto che alle 21,30 sarebbe finito il mondo. Per me. Per sempre. O sarebbe cominciato un nuovo mondo.

Il cielo azzurro, quella mattina, faceva pensare al mantello della Regina del Cielo. Uscendo di casa per prendere i giornali recitai mentalmente il *Magnificat* entusiasmato da quello splendore, che era come un sorriso materno sui nostri destini e sulle ire e le meschinità degli uomini.

Il cielo di Toscana a volte è scintillante come l'oro di Duccio. Ci sono belle giornate di vento in cui le nuvole si rincorrono fra le stelle. Nell'estate toscana di solito il cielo all'alba brilla proprio di questo azzurro abbagliante. Sembra ogni volta il primo mattino del mondo.

Quel giorno dunque trascorremmo un dolce, inconsapevole sabato nello splendore delle nostre colline, anticamera del paradiso...

Guardammo le foto scattate all'Isola del Giglio dove io non ero potuto andare sperando che lavorare al nuovo libro su Gesù potesse far intravvedere a molte persone mari più azzurri e fondali d'incanto e una più bella festa con figli e amici e un sole che non tramonta...

Intanto parlavamo della laurea di Caterina («mancano solo dodici giorni», «portiamo noi il vino?») e di quanto è splendida la vita e di tanti progetti e degli amici, cullandoci nel ricordo di lunghe passeggiate sulla spiaggia di Castiglion della Pescaia o fra Donoratico e San Vincenzo.

Nella sua agenda, al giorno 24 settembre, Caterina aveva scritto «LAUREA» a caratteri cubitali con disegni festosi attorno. Dopo anni di studio era il suo bel traguardo. Meritato. Che dono questi figli, tutti e tre. Che bravi e che belli. E che gioia: la nostra primogenita si laurea in Architettura... Piccola grande felicità umana. Mi alzai dal tavolo sotto il ciliegio, entrai in casa e ridendo danzai attorno al tavolo di Alessandra, mia moglie: «Non c'è nessuno più felice al mondo!».

Lei mi sorrise, ma dolcemente allarmata: «Non dirlo, per carità... Non si sa mai cosa ci riserva la vita». Fu una frazione di secondo. Mi tornò in mente l'esultanza di Violaine[5] quando non sapeva di essere alla vigilia del suo martirio... O, invece, della sua gloria.

Dolce e luminoso, quel sabato arrivò al crepuscolo. Alessandra era alla messa della comunità. Mentre tornava, io cucinai un piatto di riso troppo salato a mio figlio piccolo (che non lo mangiò) e la sera, ancora estiva, era deliziosa su quel prato pieno di fratelli e nipoti. Mi immersi nei miei libri.

Il telefono suonò alle 21,30. Io lasciai che rispondessero di sopra. Percepii strani rumori di agitazione, poi il grido di

[5] Nell'*Annuncio a Maria* di Paul Claudel (BUR 2001, pp. 33-34), la protagonista Violaine, all'inizio del dramma, dice: «Lodato sia dunque Iddio che mi ha segnato subito il mio (posto, *nda*), e io non ho da cercarlo. E altro posto non chiedo a lui. Sono Violaine, ho diciott'anni, mio padre si chiama Anna Vercors e mia madre Elisabetta. Mia sorella si chiama Mara, il mio fidanzato Giacomo. Questo è tutto, ecco; non c'è altro da conoscere». Invece tutto doveva ancora accadere.

Alessandra. In una frazione di secondo rammentai con terrore l'altro momento in cui gridò così: dodici anni prima, il giorno in cui – incinta – si accorse che rischiava di perdere il bambino.

La sera del 12 settembre avremmo preferito che a squarciare il nostro cuore fosse un colpo di lancia in pieno petto. Da Firenze, stavano chiamando le amiche e coinquiline di Caterina: un improvviso arresto cardiaco. Cosa? Caterina? Il cuore? Sì. Non batte più. È caduta in terra e da un'ora il suo cuore si è fermato e i medici, che le hanno tentate tutte per rianimarla, non sanno più che fare. Ormai stanno mollando...

Ci fecero capire che non c'era più niente da fare. Caterina non c'è più e il suo sorriso non lo rivedrò mai.

Un tornado di pensieri ed emozioni mi travolse in un attimo. Ricordo solo di aver cacciato un urlo disperato e assordante: «Gesùmionoooooooo!!!».

Io e Caterina

«Non amiamo se prima non siamo amati.»

Sant'Agostino

Caterina è bellissima. È sempre stata uno splendore, fin da piccola. Era buona, dolce, silenziosa. I suoi occhioni scuri, dalle lunghe ciglia, scrutavano attenti, da sotto una cascata di riccioli. Caterina è il fiore e il frutto di una storia. Di una storia cristiana.

Prima di raccontarvi ciò che accadde nell'ora successiva a quel mio grido, mentre correvamo disperati verso Firenze, è necessario farvi conoscere la storia da cui è germogliata Caterina. Dunque perdonatemi l'apparente divagazione e seguitemi con attenzione, perché è una storia grande e bella.

Ad essa infatti, come a quella del mio poeta amato, han posto mano cielo e terra. Caterina è figlia dell'incontro del Cielo e della Terra.

La terra è quella toscana, e in particolare il Chianti, dentro le cui viscere di carbone mio nonno prima e mio padre poi hanno sudato, per decenni, il loro onesto pane come minatori. Una terra dove si respirano i secoli cristiani.

Alessandra è nata ai piedi del castello di Monteriggioni, a un tiro di sasso dalla chiesa romanica di Abbadia a Isola.

In questa terra, ondulata e turrita, affondo profonde radici. Ne conosco a memoria tutta la gloria, tutti gli odori, i colori, le pievi, le pale d'altare, i boschi e le vigne, fino alle sfumature di ogni stagione e ogni ora del giorno... E i cipressi e gli olivi.

Il cielo azzurro irruppe nella vita mia e della ragazza che avrei sposato con una strana compagnia di amici arrivati dalla turbolenta Milano degli anni Settanta. E fece fiorire la nostra giovinezza, ci fece diventare amici, ci fece amare la nostra terra e i nostri santi. All'origine di questa storia c'è un grande padre e maestro: don Luigi Giussani.

Nel punto d'incontro fra la nostra terra e questo cielo azzurro è stato generato un fiore il cui nome – non a caso – è quello di Caterina, la nostra grande santa del cielo e della terra, perché io e Alessandra non ci saremmo mai conosciuti né sposati se non ci fossimo incontrati in quella meravigliosa «picciola compagnia» di amici, una shakespeariana «banda di fratelli», attorno ad Andrea e Dado, Lorenza e Ornella, mandati a Siena da don Giussani.

> Da oggi fino alla fine del mondo verremo ricordati. Noi pochi. Noi pochi felici. Noi banda di fratelli. Perché chiunque ha versato il suo sangue insieme a me è mio fratello.[6]

Quando papa Giovanni Paolo II venne in visita a Siena, il 14 settembre 1980, noi universitari di Comunione e Liberazione appendemmo un grande striscione in piazza del Campo. Era una frase di santa Caterina: «Se sarete quello che dovete essere, metterete fuoco in tutta Italia».[7] Al papa piacque molto e quel giorno, in un suo discorso citò quelle parole. Che noi, allora ventenni, sentivamo come il compito della nostra vita, la missione a noi affidata.

Non a caso scegliemmo quella stessa frase di Caterina, quattro anni dopo, per il biglietto di partecipazione del nostro matrimonio. E non a caso la nostra primogenita si sarebbe chiamata Caterina...

[6] William Shakespeare, *Enrico V*, atto IV, scena III.
[7] Lett. 368.

Lei ha sempre avuto nel cuore la sua patrona, perché i santi patroni sono una cosa seria, come ci ha insegnato Péguy, e lassù in Cielo sanno di avere «dei doveri» nei confronti dei bambini affidati alla loro protezione.[8]

Ma Caterina non solo è figlia di questa storia cristiana: lei stessa, da adolescente e poi giovane donna, l'ha abbracciata con entusiasmo e convinzione, portando in questa compagnia la bellezza e l'originalità della sua persona e del suo canto. È stata lei, con la sua commozione, che nel 2008 mi ha riportato nell'abbraccio della Fraternità dopo che, per un breve periodo e per questioni in fondo superabili, me ne ero allontanato (ma mai con il cuore).

Lei, studentessa universitaria a Firenze, silenziosamente custodiva il mio posto, fra i figli di don Giussani, dove sapeva che sarei tornato e dove lui stesso mi aspettava. Perché lei sentiva che per me era come nostro padre...

Così, il giorno prima che don Giussani morisse – il 22 febbraio 2005 – telefonai a Caterina per spiegarle che stava molto male e che ormai stava per andare dal Signore... Il giorno dopo, mi scrisse per raccontarmi come aveva vissuto quelle ore:

Grazie papi, non riesco a fare niente...

Ieri sera non mi sembrava possibile quello che mi avevi detto, tanto che ho dovuto richiamarti per cercare di rendermi

[8] Wanda Półtawska, nel suo *Diario di un'amicizia*, scrive: «Pochi pensano al fatto che il nome, in effetti, non è solo un nome, ma anche la scelta di un patrono, di un santo, che è già in cielo. Si sceglie il nome di un uomo che è riuscito a realizzare la sua vita in armonia col progetto di Dio e si pone il bambino sotto la sua protezione. (...) Il giorno della nascita di un bambino è anche la festa di una madre, perché ella vive allora una grande giornata, partecipa al mistero della creazione, è strumento della potenza creatrice di Dio! L'onomastico invece è la festa del bambino, che deve ricordarsi del suo patrono e può sempre avvalersi del suo aiuto. Il patrono ha dei doveri nei confronti delle persone poste sotto la sua protezione» (San Paolo 2010, p. 488).

conto di quello che succedeva. Dopo il rosario sono andata a salutare Mariella e mentre tornavo a casa con Tea piangevo. (...) Non piangevo per don Giussani, certa della sua santità, piangevo per me, e avrei voluto chiedere: «Se il don Gius muore, cosa facciamo noi?».

Stamattina avevo messo la sveglia alle 7,30 perché dovevo lavarmi i capelli ma ero rimasta nel letto. Dopo due minuti è squillato il telefono di casa, sono corsa a rispondere, un po' stordita dal sonno, un po' angosciata, ho alzato la cornetta. «Pronto, sono Elisa. Il don Gius è morto... dillo alle altre...» Mi si è strozzato un «sì» nella gola, ho riattaccato il telefono e sono scoppiata a piangere. Sono arrivate di corsa tutte le altre e non c'è stato bisogno di parlare, avevano già capito.

Alla messa Paolo ha letto il telegramma di Carrón, e veniva da piangere anche a lui, e pure al "Bella" (don Andrea) mentre diceva la messa. Io ero seduta tra il coro, vicino all'altare, e guardavo i miei amici: eravamo tanti orfani... ma eravamo lì e questo era un fatto, perché la morte non ha l'ultima parola.

Mi colpì in modo particolare la frase finale: «La morte non ha l'ultima parola». E mi avrebbe colpito tanto più intensamente tre anni dopo, quando avrei trovato una straordinaria coincidenza con una delle ultime frasi di Andrea...

La commozione che sentii in Caterina era ciò che avevo nel cuore, quando, in quelle ore, mi chiesero di scrivere per «il Giornale» un editoriale sulla morte di questo straordinario padre e maestro: mi resi conto che il cuore buono e caro di don Giussani aveva dentro tutti i volti dei miei figli e tutti i nostri destini.

Così raccontai a tutti quel popolo di padri, di madri e di figli che da questo patriarca era nato, un popolo che gremì quel giorno il Duomo di Milano e tutta la piazza.

«Questo è l'articolo che non avrei mai voluto scrivere. Capita di dover buttar giù con le lacrime e non con l'inchiostro, alla rinfusa, le parole e i pensieri: quando muore un padre. Non lacrime per te, carissimo don Gius, che oggi sei nella felicità totale, accanto a quell'Amico e Padre e Creatore che ci hai fatto conoscere e ci hai insegnato ad amare, con forza virile e appassionata: a noi, migliaia di naufraghi di una generazione sola e confusa o disperata.

(...) Ma lacrime per me, per noi, per il nostro tempo. Alla fine è sempre su di sé che si piange. Guardo i volti dei miei figli e penso che non sarebbero mai esistiti senza di te, senza la storia di amicizia che da te è nata e a un certo punto ha raccolto e salvato anche me e la ragazza che sarebbe diventata mia moglie, come tante altre barchette che nella giovinezza vagavano alla deriva.

C'è un intero popolo, specie della mia generazione, che oggi guardando i propri figli pensa questo. E pensa che non potranno più incontrare e ascoltare quell'uomo coraggioso e appassionato, figlio della Brianza cattolica, che ha reso ardente la nostra giovinezza.

Ha acceso i cuori, ha illuminato le strade cupe di una gioventù incenerita dall'ideologia e divorata dalle sabbie del Nulla, ha fatto fiorire il cuore e l'intelligenza, ha fatto irrompere nelle nostre esistenze la bellezza di Gesù Cristo, proprio come nel quadro di Caravaggio che tanto Giussani amava, *La vocazione di Matteo*, dove Gesù, insieme a un raggio di sole, irrompe nella buia vita di Matteo e lo chiama per nome e lui – stupito di sentirsi guardato e amato – si chiede col gesto della mano: "Io? Hai chiamato proprio me?" (lui che sapeva di non meritarlo, che conduceva una vita squallida).

È quella la prima volta che un uomo dice veramente "io". (...) È commovente per me anche un ricordo personale: quando l'ho sentito per l'ultima volta. Era il 20 novembre del 2002. Era sera, stavo nello studio di *Excalibur* con Giancarlo Giojelli e Pietro Piccinini. È suonato il telefono: non me l'aspettavo, mi passarono don Giussani. Io da alcuni giorni ero entrato nell'occhio del ciclone, da tutte le parti – sui giornali – mi arrivavano colpi per aver "osato" parlare della Madonna (e della fede di milioni di persone) in un programma di informazione in prima serata.

Dall'altro capo del telefono quella sera sentii la sua voce familiare, fioca com'era da anni, affaticata, ma sempre piena di passione, di forza e autenticità: "Sono con te" mi disse "ti sono vicino. Hai tutta la mia stima e la mia simpatia". Poi aggiunse: "Sii certo di quello che dici perché è tutto vero... è tutto vero". Qui la sua voce fu sopraffatta dalla commozione. Il giorno dopo mi fece arrivare le altre parole che avrebbe voluto dirmi: "Il problema non è se Dio esiste o no, ma se Dio si è fatto uomo o no. E la Madonna è la strada...".

Dicevo delle lacrime. Sono lacrime per una generazione, quella dei nostri figli, nei prossimi anni, che – penso fra me – non potrà più incontrare un testimone così. Ma Cristo resta. "Credo che non potrei più vivere se non lo sentissi più parlare." Quante volte Giussani ci ha ripetuto queste parole di Charles Moeller su Gesù.

Anche questa morte è per la vita, per chi ha seguito e amato don Giussani. Se non c'è più un padre, ci saranno migliaia di figli pronti a dire ciò che hanno visto, udito, toccato con mano. A testimoniare che la vita ha un senso, anche quella che ritiene di essere insignificante: è grande e preziosa.

Un giorno del 1940, nelle sofferenze della guerra e di una terribile malattia della figlia, Emmanuel Mounier scriveva nel suo *Diario*: "È molto bello essere cristiani per la forza e la gioia che l'essere cristiani dà al cuore, la trasfigurazione dell'amore, dell'amicizia, delle ore, della morte".

Sì, anche per sorella morte sale la lode a Dio.»[9]

[9] Questo articolo, uscito su «il Giornale» il 23 febbraio 2005, è stato ripubblicato integralmente in Antonio Socci, *Com'è bello il mondo, com'è grande Dio*, Piemme 2005.

Rileggendo oggi queste righe ci sono cose che mi danno i brividi. Quel 22 febbraio 2005 ero inconsapevole di ciò che sarebbe accaduto...

E tre anni dopo, il 31 luglio, fu ancora Caterina che mi telefonò. Il suo era un pianto dirotto. Aveva saputo prima di tutti noi l'improvvisa e imprevedibile morte di Andrea, a Lima, in Perù, dove viveva, in missione, da venti anni. Un infarto (si era letteralmente consumato per Cristo).

Furono le lacrime di Caterina a farmi capire dov'era il mio posto, la mia casa: nella Fraternità.

«El amor es más fuerte que la muerte.»

«La vita donatela, prima che il tempo ve la porti via.»

Cardinale Angelo Scola

Andrea era un uomo eccezionale. Capimmo con lui che cosa sia un santo. È stato proprio lui il padrino di battesimo di Caterina, per la quale stravedeva.

Raccontai la sua storia su «Libero» perché tutti capissero cos'è un uomo vero in questo mondo di finti eroi, di finte grandezze e di glorie fasulle:

«È un milanese l'uomo che ha affascinato il cuore di uno dei Paesi più poveri del Sud America, il Perù. Soprattutto nelle baraccopoli più misere di Lima, Andrés era considerato un angelo. Mercoledì scorso il suo cuore ancora giovane (cinquantacinque anni) – che ardeva per questa gente – si è spezzato. E sabato, in una grande basilica di Lima affacciata sull'Oceano Pacifico, davanti a migliaia di persone in lacrime, si è celebrata la sua "nascita al cielo". Nella stessa mattina di sabato, commosso, il cardinal Cipriani, arcivescovo di Lima, ha parlato di lui alla radio nazionale.

Ma in Italia uomini come Andrea Aziani restano sconosciuti. Instancabile e radioso, Andrés, in quella megalopoli sull'oceano che è la capitale peruviana, viveva da vent'anni, mandato da don Giussani. Lo conoscevano tutti: dal presidente della Repubblica fino al venditore ambulante di "emolliente" che è venuto a dargli l'ultimo saluto in chiesa e fra la folla ripeteva piangendo: "Gli volevo tanto bene".

Poteva discutere nella sua università con i ministri o con i maggiori intellettuali del Paese e subito dopo trascorrere ore nei pueblos più malfamati ad aiutare la povera gente delle baracche, a giocare con i bambini nella polvere delle strade, insegnando loro canti o preghiere. O portando loro di che vivere.

Ce n'era una folla sabato in chiesa di questi suoi "figli", di cui spesso era "padrino" di battesimo o della comunione o della cresima. Sebastiana è una di queste bambine. Giovedì sera, dopo la veglia, alcuni amici di Andrés, di Comunione e Liberazione, sono andati ad accompagnarla a "casa". Hanno scoperto che vive in una poverissima capanna in cima a una collina di casupole. La fanciulla ha mostrato loro una cappellina mezza costruita fra le baracche: "Il mio padrino ha aiutato tanto a farla...". Ed è facile immaginare – per chi conosceva Andrés – che il suo è stato anche un aiuto materiale. Perché quella povera gente sentisse che Gesù è fra di loro.

Pochi, anche fra i suoi amici, sapevano della gran quantità di persone che aiutava. Il cardinal Cipriani, andando a benedire il corpo, giovedì, lo ha detto: "Vi accorgerete con il tempo di tutto il bene che umilmente faceva quest'uomo. Mi cercava per ripetermi che lui e il movimento di CL volevano servire la Chiesa e mi chiedeva sempre di dargli una missione".

Era uno dei figli di don Giussani. La sua è una storia da film: la storia di una compagnia di giovani che è la vera "meglio gioventù", quella su cui nessuno farà un film. Andrea aveva partecipato alla nascita di Comunione e Liberazione nelle università di Milano. Alla Statale, dove si iscrisse nel 1972 (facoltà di Filosofia), diventò presto il responsabile. Erano anni durissimi. Aggressioni, odio e calunnie dei giornali contro i ciellini che erano gli unici a esserci con una identità cristiana, come agnelli in mezzo ai lupi di ogni estremismo.

Anche Andrea si sentiva dare del "fascista", lui che era cresciuto con un nonno, Emanuele Samek Lodovici, discriminato dal fascismo perché militante del Partito popolare di Sturzo e poi perseguitato a causa delle leggi razziali in quanto ebreo.

Lui era di quella tempra lì. Malmenati nelle università, i ciellini erano cacciati anche dai seminari perché i vescovi progressisti del post concilio li ritenevano "integralisti". Andrea entrò nei Memores Domini, il gruppo dei consacrati laici di CL.[10] Nel 1976 fu mandato da Giussani a Siena. Lì con tre amici iniziò una presenza cattolica nell'ateneo di una delle città più rosse d'Italia. Fu un ciclone. Non si era visto niente di simile dai tempi di santa Caterina.

In università quella ciellina diventò subito la presenza più forte (alle prime elezioni studentesche la lista cattolica prese più del 50 per cento mettendo in allarme tutto il locale apparato del Pci). Ma a infiammare i cuori di tutti quei giovani non era la politica, era quell'amicizia con Gesù che Andrea proponeva con la sua stessa persona, così affascinante ed entusiasmante.

Andrea si faceva in quattro per tutti, senza mai riposare, spesso saltando i pasti. (...)

Nel 1989, a trentasei anni, ottenne finalmente – come desiderava da sempre – di essere mandato in una delle missioni di CL in Sud America, in Perù. Prima insegnò in alcuni atenei di Lima, poi, con alcuni amici e l'appoggio della Chiesa, fondò l'università Sedes Sapientiae. Una università che cerca di far accedere agli studi i più poveri e che è diventata già un modello contagioso per tutto il Sud America.

[10] Si tratta di una fraternità che fa parte di Comunione e Liberazione e che prevede la vita in comune in case maschili o femminili e i voti privati di castità, povertà e ubbidienza.

Che senso ha fondare una università in un Paese del terzo mondo? Andrea rispondeva: "La peggiore povertà non è quella economica, ma quella umana. Da lì viene la miseria, il degrado e la fame. Educare uomini nuovi significa far crescere una generazione capace di costruire e quindi di dare un futuro a questo povero Paese". (...)

A leggere su un blog le centinaia di messaggi di studenti di Lima, sconvolti dalla morte del professor Aziani, sembra davvero che questa grande avventura sia vincente. È impressionante il segno che ha lasciato quest'uomo. Cito qualche espressione dei ragazzi: "che persona straordinaria!", "gran hombre sabio", "la passione che irradiava in tutto non lasciava indifferente nessuno", "donava se stesso attraverso ciò che insegnava", "la sua sapienza ci affascinava, ma soprattutto la sua grande umanità e la sua purezza di cuore", "il suo sorriso caldo e amabile", "un uomo senza paragoni, differente da tutti quelli che incontriamo", "un vero Maestro, un padre, un amico... que vive en todos nosotros", "ci dava sempre speranza guardandoci come figli", "ringrazio Dio: che fortuna averti conosciuto!", "sei stato un Maestro eccezionale, grazie per l'esempio della tua vita!", "era entusiasmante", "trasmetteva una passione per la vita e per gli altri impressionante", "amico fedele di Gesù, un cuore semplice e puro", "ricorderò sempre la sua immensa bontà, il suo amore verso tutte le cose", "che modo straordinario di amare la vita e tutti quelli che incrociavano la sua strada", "era sempre disponibile, soprattutto per chi aveva bisogno", "la sua felicità ci ha segnati per sempre: caro amico, grazie per aver avuto fiducia in me", "un grande uomo che ci ha insegnato a essere uomini".

Al funerale, sabato, il vescovo monsignor Panizza non è riuscito a terminare l'omelia per la commozione. C'erano millecinquecento persone in chiesa, altre mille all'università dove gli studenti dalle finestre hanno lanciato una pioggia di petali di fiori. Avevano fatto cartelli con le sue frasi tipiche, come "Febbre di vita". (...)

Era sconvolgente vedere centinaia di giovani silenziosi in lacrime. Al cimitero altre mille persone. La sua tomba è già meta di pellegrinaggio. Ha un popolo che ora aiuta dal cielo.

In una lettera del 1993 a un amico,[11] Andrea ricordava una frase di santa Caterina e scriveva: "Che qualcuno si innamori di ciò che ha innamorato noi. Ma perché sia così, noi dobbiamo bruciare, letteralmente, ardere di passione perché Cristo lo raggiunga. Perché attraverso questo bruciare sia Cristo a raggiungerlo". Don Giussani un giorno lesse queste righe davanti a centinaia di persone e, commosso, commentò: "Vi sfido a trovare una testimonianza simile. Dovunque!".»[12]

Permettetemi di raccontarvi anche altro su Andrea.

Carmen, che lo incontrò ai tempi di Gioventù Studentesca[13] (erano entrambi di Abbiategrasso), fra le tante cose che la colpirono, ne ricorda una in apparenza piccola e buffa: mentre tornava dalla caritativa,[14] in bicicletta, Andrea cantava a voce alta per le strade nebbiose del paese.

È un piccolo flash, su un Andrea Aziani diciottenne, che però lascia intuire il tipo. C'è la sua giovinezza tutta innamorata di Gesù, c'è quella sua allegra baldanza («Perché Gesù ha già vinto!!!», ti diceva ridendo e dandoti pacche sulle spalle) e poi c'è il suo cuore che scoppia di contentezza e di passione per la voglia di far sapere a tutti la grande notizia. Fino agli estremi confini della terra. Dove ha consumato la sua corsa in pochi anni per cominciare la sua trionfale passeggiata in Cielo.

[11] Andrea scriveva a Giancorrado Peluso (Dado), anche lui in Perù, mentre stavano preparandosi ad andare a trovare delle persone a Cuzco, sulle Ande.

[12] «Libero», 7 agosto 2008.

[13] Si chiamano così gli studenti di CL delle scuole medie superiori.

[14] La caritativa è uno dei gesti educativi del movimento di don Giussani: i giovani, insieme, dedicano alcune ore, ogni settimana, a condividere la vita dei più poveri e bisognosi.

«È il primo di noi sepolto in terra di missione» dice don Pino. Anche così Andrea mostra ciò che aveva nel cuore don Giussani quel giorno di autunno del '54 entrando al Berchet: il mondo intero. E io credo che desiderasse solo questo: generare uomini così.

Si potrebbero scrivere libri interi su Andrea, ma la cosa che più colpiva era la sua autentica e non ostentata modestia. Lo ricordo refrattario a tutte le gratificazioni ed era sempre il primo a proporsi, anche per i lavori più umili: scaricare sedie, pulire i bagni, imbiancare catapecchie. Il primo se c'era da servire. Sempre pronto a dire «eccomi!» con un'energia che non si capiva da dove gli venisse (visto che mangiava solo ogni tanto) e sempre sorridendo e incitando chi gli stava accanto. Anche (sia chiaro) correggendo con forza, quando era il caso.

È lo stesso che a Lima, dal 1988, lui, professore famoso anche fra intellettuali e ministri, in una baraccopoli si dava da fare per far costruire una cappellina; lo stesso che tornò a casa lacero, perché era stato aggredito da una banda di delinquenti, quando era andato in una zona malfamata per ritrovare una ragazzina scomparsa; lo stesso che invitava il presidente peruviano Toledo alla messa per don Giussani.

«Questo innamoramento di Gesù» mi scrive don Primo «aveva prosciugato in lui le sorgenti dell'orgoglio, perché niente più era suo.» In effetti, quando sento l'*Inno alla carità* di san Paolo, mi rendo conto di aver visto questo, in Andrea. Penso a quanto era pronto lui, che pure era di temperamento così forte, ad annullarsi (ho in mente umiliazioni incredibili che solo lui poteva accettare) perché chi aveva di fronte potesse accorgersi di Gesù.

Di san Paolo aveva anche la radicalità, la passione missionaria. In Andrea conviveva con l'intelligenza imparata nelle caritative, da giovane, lo strumento col quale don Giussani ci ha insegnato a spalancare il cuore al mondo intero, mostrandoci come guardare il bisogno e il dolore che vi regnano.

Quando Tina, una nostra amica di Siena, lo raggiunse in Perù, Andrés la portò sul punto più alto di Lima, da dove si domina questa vasta megalopoli di dodici milioni di persone. «Guarda qua» le disse «ti rendi conto delle dimensioni? Noi non siamo niente. Cosa vuoi che facciamo noi?»

Ma allora come ha fatto Andrea, proprio lì, a lasciare una traccia così forte? Andrea semplicemente ha condiviso la vita di quella gente, poi ha guardato e seguito ciò che Dio faceva davanti ai suoi occhi. Sempre a Tina quel giorno disse: «Qua non c'è bisogno di conquistatori, ne hanno avuti anche troppi. Devi studiarti la storia del Perù e la geografia e la lingua. E devi conoscere i santi di questa terra e pregarli. E amare questa gente. Così potrai inginocchiarti davanti a loro come Dio si è inginocchiato davanti a ciascuno di essi».

Considerava ogni persona che incontrava sulla sua strada – dal povero tassista che convinceva a studiare, iscrivendosi a un corso serale, fino all'intellettuale famoso – come persone dategli dal Signore. Ripeteva sempre: «Non dobbiamo perdere nessuno di coloro che Dio ci ha affidato». Lui faceva così.

Lo dimostra proprio ciò che hanno scritto centinaia di ragazzi di Lima, nei blog e sui tanti biglietti appesi nelle bacheche dell'università Sedes Sapientiae, dopo aver saputo della sua morte improvvisa: «Que persona increíble!!!», «Andrés Aziani era fuori da ogni paragone possibile, un uomo del tutto differente da quelli che incontriamo solitamente», «Ci ha insegnato a essere uomini». Scrive Janina: «La mia vita è cambiata molto quando lo conobbi». Erika parla del «segno più profondo che mi ha lasciato questo uomo straordinario». Anthony: «Mi insegnasti a vivere la vita in un modo diverso. Ringrazio Dio di averti conosciuto».

Ivan: «Era una persona felice, che modo di amare la vita!... ci ha segnati per sempre». Lucila: «Era felice di donarci tutta la sua conoscenza, ma sempre con un grande rispetto per ogni suo studente». Fabiola: «Dava tutto di sé, in ogni lezione, lasciandoci il desiderio di seguirlo e lottare per la nostra libertà, cominciando col non essere più superficiali e col vivere la vita con pienezza».

Su YouTube i suoi studenti hanno caricato il video di una delle sue travolgenti lezioni (lo hanno titolato: «Homenaje a un gran profesor y amigo... SEI PROPRIO GRANDE!!!»). Un ragazzo ha ricordato l'ultima frase di Andrés nella sua ultima lezione: «El amor es más fuerte que la muerte. Ti voglio tanto bene caro professore!».

Questo maestro, così capace di entusiasmare i giovani alle cose belle e vere, dalla filosofia alla musica, all'arte, così attento ai bisogni di ciascuno da farsene carico personalmente, era anche così capace di far crescere, a volte con severità, di insegnare a vivere da uomini.

«Non perdere mai nessuno.» Neanche quelli lontani. Né gli amici di Abbiategrasso (uno di loro mi scrive commosso che Andrea, in questi trent'anni, gli è sempre stato vicino), né quelli di Siena: qui siamo tutti figli suoi perché è stato lui a fondare la comunità. Nel maggio 2008, per il 25° anniversario di matrimonio della prima coppia del CLU[15] che si sposò (Donatella e Marco), ha scritto una lettera stupenda dove ci ricordava la grande avventura della nostra giovinezza con lui, che ha dato forma alla nostra vocazione (Andrea a Siena si laureò ed entrò nei Memores) e ci ha segnati per sempre.

Ha scritto:

Tutta una storia, tutta una vita, segnata da quelle strade, da quei vicoletti, da quei volantinaggi coraggiosi, da quella tenace e testarda voglia di dire: sì! Ci siamo! Sì!!! Siamo qui, siamo pronti! Sempre come veri soldati, che nei giorni del combatti-

[15] CLU sta per Comunione e Liberazione Universitari, un'esperienza di comunità cristiana che vive ed è presente in tutti gli atenei italiani e in decine di altri paesi.

mento imparano a diventare anche più amici, più misericordiosi, più magnanimi e si spalanca lo sguardo, arriva fino agli estremi confini del mondo, genera figli carnali e spirituali, figli e discepoli, amici, magari anche nemici, ma sempre con grandezza, con trascendenza. Non solo o non più riverenti *ma* commossi fino alle lacrime. Perché in fondo cosa abbiamo fatto? *Che merito abbiamo avuto se non quello di aver detto di sì! e di continuare a dirlo oggi o in qualsiasi circostanza... festa che trapassa tutte le apparenze, tutte le tentazioni di ridurre la* SUA *potenza, la sua fantasia, la sua* CREAZIONE! *Anche per me quegli anni sono stati decisivi. Anche per me si è deciso letteralmente tutto in quegli anni, nelle cooperative, nelle scritte spray, nelle liti esagerate e violente con gli ultras, nei dialoghi con tutti. Ma la cosa più bella è la lotta e il* CORAGGIO *che ognuno ogni giorno deve riprendere in mano per dire* SÌ! *Questo è il premio della fedeltà! La pace, la letizia e il sapere che, come scriveva don Giussani, così «la vita non è inutile». Ma anche questo, che non sia inutile, è un Dono, una Grazia. Sì, caro amico! Tutto e solo Grazia! La Sua fedeltà è più forte dei nostri dubbi. Allora possiamo domani ricominciare perché come sempre diceva Enzo e ora dice spesso anche Carrón: il bello deve ancora venire!*

Andrea lo scriveva pochi giorni prima di incontrare la Bellezza fatta carne, nel suo Regno, dove ora lo può guardare in volto: l'Amico della sua vita.

Ecco chi era Andrea. Essendo stato suo padrino di battesimo e prendendo tutto molto sul serio, era attaccatissimo a Caterina. La quale lo avrà visto sì e no una decina di volte, perlopiù da bambina. Ma le è bastato per capire che era un grande. D'altronde la venerazione che io, Alessandra e tutti i nostri amici avevamo per lui è entrata nel cuore di tutti i nostri figli.

Così, la mattina del 31 luglio 2008, quando Caterina mi telefonò dalla montagna, durante la vacanza degli universitari di CL, dove aveva appreso la morte di Andrea a Lima, nella notte, mi dette la notizia piangendo a dirotto.

L'evento naturalmente mi sconvolse, ma quel pianto di mia figlia mi riempì di commozione. Capii cosa è questa stupenda catena umana con cui Dio ha deciso di afferrarci e salvarci.

Gesù Salvatore ci raggiunge, di stupore in stupore, di cuore in cuore, di bocca in bocca attraverso la storia di un popolo nel mondo. Caterina sentiva Andrea – che aveva solo intravisto qualche volta – esattamente come lo sentivamo noi. Con lo stesso animo.

All'epoca non sapevo che la frase con cui Andrés aveva chiuso la sua ultima lezione era stata questa: «El amor es más fuerte que la muerte». Solo in questi giorni mi sono accorto che è quasi identica a quella con cui Caterina, tre anni prima, aveva concluso la sua mail per la morte di don Giussani: «Ma la morte non ha l'ultima parola».

Già allora (e oggi ancora di più) toccai con mano quanto i nostri figli fossero fatti della nostra storia benedetta, della storia gloriosa che Dio aveva generato e stava costruendo per noi e anche attraverso di noi.

In quel momento, dopo la morte di Andrea annunciatami da Caterina, decisi che la Fraternità di CL era e sarebbe rimasta per sempre la mia dimora. La mia casa erano quegli occhi.

Ora che anche voi conoscete questa storia, vi sarà facile capire perché, nella nostra corsa matta e disperatissima verso Firenze, la sera del 12 settembre, tra fiumi di lacrime, oltre a recitare senza posa il rosario alla Madonna, implorammo Andrea e don Giussani, perché intercedessero, perché con la Regina del Cielo ottenessero la salvezza della vita di Caterina.

«Ama chi dice all'altro: tu non puoi morire.» Mille volte ho sentito don Giussani citare questa bellissima frase di Gabriel Marcel. Ed è proprio così.

Mi piace credere, come qualcuno ha scritto, che l'etimologia della parola amore, dal latino *amor*, rimandi ad «a-mors», che significa «senza morte», immortale.

Amare significa affermare l'altro fino a rinnegare se stesso. A questo si riferiva Giussani quando, facendo un passo ancor più vertiginoso, disse: «L'unica modalità con cui ciascuno di noi può voler bene ad un altro è morire».[16] L'amore vero induce a offrire la propria stessa vita per la vita della persona amata. Ha detto infatti Gesù: «Nessuno ha un amore più grande di questo: dare la vita per i propri amici». Io sono certo che entrambi, don Giussani e Andrea, abbiano offerto la loro vita per noi, per amore nostro. Anche per Caterina.

Così fu naturale per noi fare come loro e cercare la loro intercessione in Cielo, durante quella straziante corsa verso Firenze. Non trovo parole per dire il cumulo di dolore di quell'ora. Mai avrei pensato che si potesse soffrire così. Non è immaginabile. Mi sembrava di essere precipitato di colpo in un incubo da cui non era possibile svegliarsi. Arrivammo – non so come – alle porte di Firenze, su quel viale della Certosa a me tanto caro perché, tra due muri a secco, è pieno di mandorli i cui fiori da sempre annunciano la primavera.

E lì accadde qualcosa. La telefonata di un'amica, una notizia, parole concitate, pianti e risa al tempo stesso: «Batte? Cosa? Veramente? Sì!!! Il cuore di Caterina ha ricominciato a battere!!! Dopo un'ora e mezzo!».

Oh Dio mioooo! Tu sia lodato! Gesù dolce! Madre santissima: vi amo e vi ringrazio! Cari santi nostri, vi abbracciamo! Davvero «el amor es más fuerte que la muerte»!

[16] Don Giussani indicava in Gesù l'ideale dell'amore fatto carne: «Il Mistero che fa tutte le cose, che è la consistenza di tutto, è morto per te sopravvalutandoti. L'unica modalità con cui ciascuno di noi può voler bene ad un altro è morire. Morire vuol dire aderire a un Altro, vuol dire rompere la propria misura». Parole con cui Giussani esprime l'urgenza di convertirsi.

Viaggio al confine della notte

«È buio il mattino che passa
senza la luce dei tuoi occhi.»

Cesare Pavese

Non avevamo fatto in tempo a tirare il fiato, a commuoverci dell'immensa grazia che subito fummo sfiorati da un altro incubo: il cuore fermo per un'ora e mezzo significa un coma senza speranza o danni immensi, devastanti... Probabilmente irrecuperabili.

In un secondo, davanti ai nostri occhi un flash terrificante: la sopravvivenza biologica, ma con Caterina che di fatto non c'è più. A tutti sembra il peggio che possa capitare, l'incubo a cui nessuno vuol mai pensare, ciò che – ti dici – non può accadere proprio a te... Quello in cui eravamo precipitati d'improvviso era l'Orrore. Ed era del tutto imprevisto.

Ma in quel momento, a dir la verità, non ci lasciammo sprofondare in questo cupo pensiero. La cosa importante era che intanto il cuore di Caterina aveva ripreso a battere e che lei era viva. Ciò che contava ai nostri occhi era che presto uscisse dal rischio di morte in cui ancora si trovava. Al resto preferivamo non pensare perché a quel giorno bastava già quella pena. Desideravamo solo poterla rivedere e abbracciare viva.

Non volevamo pensare al mare di dolore dell'indomani... Non mi è facile – perdonatemi – raccontare cosa fu quella notte, l'arrivo al pronto soccorso, le ipotesi dei medici su cosa poteva essere accaduto (una più terrificante dell'altra) e infine lei, stesa su quella barella, intubata, legata e inerte, eppure così bella, con tutta quella lunga chioma ricciola sulla barella...

Sua madre in lacrime l'accarezzava con lo sguardo come la Madonna deve aver carezzato Gesù deposto dalla croce... Io dentro di me continuavo a implorare: «Madre dolce che non mi abbandoni mai... Madre mia, Regina del cielo, tu che tutto puoi... salvalaaaaa!!! A te l'avevo consegnata! Fra le tue braccia! Sotto il tuo mantello, sotto la tua protezione! Madre mia, ricordi quel giorno, quando la portai a Firenze? Iniziava allora l'università, cinque anni fa! Alla tua protezione l'affidai venendo alla Santissima Annunziata! Adesso era arrivata alla laurea, mancavano dodici giorni! Non puoi, non puoi restituirmela così! Non è possibile! Tu non fai questo ai tuoi figli! Tu non tradisci mai, tu non abbandoni mai i tuoi figli, tu sei sempre una Madre accorata che si prende cura amorosamente di chi ti viene affidato!».

Quel mio grido interiore ha anch'esso una storia. È una storia che, pur essendo personalissima – come capita a chi fa il mio mestiere – era diventata pubblica: l'avevo raccontata sul «Foglio» di Giuliano Ferrara.

Tutto era accaduto a fine agosto del 2004, il giorno in cui Caterina – appena conseguita la maturità classica – doveva presentarsi a Firenze a fare il test di ammissione alla facoltà di Architettura.

Lo ricordo benissimo. L'accompagnai facendo la strada delle colline fra Siena e Firenze, un tragitto fantastico, sui crinali dei colli di Castellina in Chianti e San Donato. Seduto al volante accanto a lei, mi sentivo struggere il cuore. Tutti i miei stati d'animo e tutto il mio amore – che per pudore non seppi dire in quel momento a mia figlia – tentai di esprimerli scrivendoli l'indomani su un giornale, sperando che lei lo leggesse. Era il 31 agosto:

«(...) ieri è accaduto un evento insignificante per voi, ma non per me. Mia figlia primogenita è stata una bambina riccioluta, oggi, diciannovenne, è una scura bellezza da profetessa biblica, una voce superba quando – al pianoforte – canta *Bring Me to Life* degli Evanescence o, a due voci con sua sorella, *Nothing Else Matters* dei Metallica. Ieri mattina l'ho accompagnata a Firenze dove inizia l'università e dove quindi vivrà.

E mentre correvamo sul crinale delle colline di San Donato, la dolce valle di San Gimignano ai nostri piedi, pensavo: "Ma quando e come e perché sei cresciuta così? Eri piccola ieri e stamani ti sei alzata e sei una principessa. È un imbroglio! Non mi hai dato il tempo neanche di trattenerti, di fermare il tempo come un Faust innamorato e incatenarti alla tua adolescenza. Neanche mi sono accorto che diventavi grande, bestia che sono".

Ecco, ho pensato: l'ho già persa. Sì, tornerà a casa (anche spesso, spero), ma ha la sua vita, soprattutto ha il suo destino e non sono io, non è casa mia. Dice mia moglie: "Che pizza che sei! Mica è morto nessuno. E poi Firenze è dietro l'angolo".

Non è vero, non è questione di chilometri: la vita se ne va. Ogni giorno tutto se ne va. Anche se non ce lo diciamo:

> Ma chi ci ha rigirati così
> che qualsia quel che facciamo
> è sempre come fossimo nell'atto di partire? Come
> colui che sull'ultimo colle che gli prospetta per una volta ancora
> tutta la sua valle, si volta, si ferma, indugia, – così viviamo
> per dir sempre addio (Rilke).

C'est la vie. E, nella malinconia, lo struggimento dei quarantenni, quello che Péguy definiva "il loro segreto": desiderare la felicità dei figli e sperare che l'impossibile per loro avvenga. Così arrivo a Firenze: i viali, via Capponi, di colpo una quantità di ricordi che si affastellano fra quelle strade. Le avventure e le facce dei tanti amici dei miei vent'anni che tutte assieme stanno sotto il nome Comunione e Liberazione.

Ad aspettare Caterina ci sono altre facce giovani che accolgono le matricole organizzando per loro preziosi corsi preparatori per i test di ammissione. Altre facce, ma la stessa storia, lo stesso timbro umano, la stessa cordialità, lo stesso nome e la stessa avventura. Quando chiedo a mia figlia se è persuasa, lei mi risponde con una disarmante felicità. (...) Credo che siano la meglio gioventù.

Giro l'angolo e mi trovo in piazza della Santissima Annunziata. Vado ad "affidare" mia figlia e il suo destino alla Regina del Cielo: che la tenga lei sotto il suo mantello. Mi accorgo solo allora che quei ragazzi sono la sua risposta, sono come il concretissimo lembo del mantello di Maria, il suo abbraccio materno che raggiunge mia figlia. La sua tenerezza.»[17]

Ripensavo, quella notte del 12 settembre, al mio atto di affidamento di Caterina alla Santissima Annunziata. Chiedevo alla Regina del Cielo: perché non me l'hai protetta, tu che custodisci tutti i tuoi figli e specialmente coloro che si consacrano a te? Perché hai abbandonato questa tua figlia che si è affidata a te? Perché non l'hai salvata sotto il tuo mantello?

Uomo di poca fede come ero e come sono, non mi rendevo conto delle idiozie che pensavo, il dolore mi faceva sragionare. Bastò apprendere cosa era accaduto, subito dopo che Caterina era caduta a terra, per rendermi conto di come la sua tenera Madre non l'abbia mai abbandonata. E l'abbia avvolta col suo mantello – fatto dei volti di quegli amici della comunità – preservando la sua vita.

[17] Da «Il Foglio», 31 agosto 2004. Questo brano è stato ripubblicato in Antonio Socci, *Mistero Medjugorje*, Piemme 2005.

Infatti quell'arresto cardiaco – scoprimmo poi che si era trattato di fibrillazione cardiaca – sarebbe potuto capitare a Caterina in mille momenti o luoghi in cui non sarebbe stata soccorsa subito (per strada, ad esempio, o durante il sonno della notte): l'avremmo ritrovata morta.

Invece capitò proprio in un momento in cui stava in casa con tre suoi amici della comunità, presenti per puro caso, e che – incredibilmente, pur non essendo esperti di situazioni del genere – subito si resero conto della gravità delle sue condizioni e la soccorsero, seguendo tutte le tempestive istruzioni telefoniche degli operatori del 118, la cui ambulanza arrivò velocemente.

Abbiamo scoperto in seguito che proprio questo soccorso immediato ha garantito quel minimo afflusso di sangue che l'ha salvata. Non solo. Quando sembrava ormai morta da tempo, arrivò, con tanti altri amici di Caterina, don Andrea, il sacerdote che segue gli universitari di CL a Firenze. Quando entrò nella stanza e si inginocchiò per pregare, il medico gli disse subito che era inutile, perché non c'era più niente da fare. Ma don Andrea lo esortò a continuare il suo lavoro mentre lui avrebbe fatto il proprio: infatti alla fine della sua preghiera il cuore di Caterina riprese a battere e si poté trasportarla al pronto soccorso.

È stato inevitabile per me pensare che il concretissimo lembo del mantello della Regina del Cielo aveva letteralmente raccolto Caterina mentre cadeva a terra (come avevano fatto i suoi amici per impedire che battesse la testa) e poi le aveva salvato la vita. Il mantello della Regina del Cielo – come avevo intuito nell'estate del 2004 – era fatto anche di quei volti giovani...

Quello stesso mantello, dolce e discreto, avvolse anche noi quella notte. In quel fatale succedersi di ore al pronto soccorso fummo subito circondati dall'affetto silenzioso e denso di preghiere di centinaia di amici di Caterina.

Tutti passarono con noi la notte fuori e dentro al pronto

soccorso, sgranando decine di rosari, piangendo sottovoce, implorando i nostri santi e le nostre sante, invocando instancabilmente la nostra dolce Madre. Perché Caterina non fosse più in pericolo di vita e ci fosse restituita luminosa e bella, com'era prima.

Da allora quell'abbraccio non è mai finito. Anzi, è diventato sempre più grande e vigoroso. Anzitutto perché almeno in tre situazioni, nel mese che è seguito a quel 12 settembre, Caterina è stata in fortissimo pericolo di vita ed ogni volta è stata salvata provvidenzialmente.

In secondo luogo perché in ogni istante ci siamo sentiti portati in braccio. Anche nel dolore più acuto e straziante, che pur rimane per noi pesantissimo, abbiamo sensibilmente avvertito la carezza del Nazareno che ripete, come ai tanti uomini feriti del Vangelo: «Non temere. Tu continua solo ad aver fede».

Strani giorni. Nei quali ci siamo sentiti continuamente sospesi sull'abisso della disperazione, spesso sul punto di precipitarvi, ma allo stesso tempo sostenuti, abbracciati, rassicurati e dunque mai vinti, mai disperati, mai abbandonati. Da mesi sperimentiamo questa strana, misteriosa, doppia sensazione di noi e della nostra vita... Cioè del nostro nulla, misero e inerme, insieme però alla forza misteriosa e divina – non nostra – che ci sostiene e ci protegge.

Per giorni, settimane e mesi, nella nostra implorazione continua, nel nostro grido incessante, una sola cosa ho tenuto presente, sempre, sperando contro ogni speranza, incurante di quello che pensavano i medici: «Nulla è impossibile a Dio». Lo ha detto l'arcangelo Gabriele a Maria nel momento più solenne e più grande dell'intera storia umana e cosmica.[18]

[18] Dopo l'Annunciazione, la giovane Maria disse all'angelo: «Come è possibile? Non conosco uomo». Allora l'angelo le diede due risposte. La prima, misteriosa, le chiariva che Dio non intendeva violare il suo libero e volontario voto di verginità, perché quello che doveva accadere era operato direttamente da Dio: «Lo Spirito Santo scenderà su di te, su te stenderà

Dunque abbiamo tutto il diritto di ripeterlo noi, sempre, e per questo di sperare, perché: «Nulla è impossibile a Dio». Proprio alla Santissima Annunziata, Caterina è stata affidata alla protezione della Madonna, lì, davanti a quella santa icona dell'annunciazione, dove l'angelo proclama: «Nulla è impossibile a Dio». Nonostante quello che pensano o dicono gli uomini (ad esempio di Elisabetta: «Tutti la dicevano sterile») «nulla è impossibile a Dio».

la sua ombra la potenza dell'Altissimo. Colui che nascerà sarà dunque santo e chiamato Figlio di Dio. Vedi: anche Elisabetta, tua parente, nella sua vecchiaia ha concepito un figlio e questo è il sesto mese per lei, che tutti dicevano sterile». A questo punto l'angelo dà la seconda risposta, a commento della gravidanza di Elisabetta «che tutti dicevano sterile». Disse infatti l'angelo: «Nulla è impossibile a Dio» (Lc 1,34-37).

«Sei la pupilla dei miei occhi.»

«Alba, quanto fatichi a nascere!
Ti tiene alcuno stretta
al suo nero impedimento,
non vuole tu ti sciolga
la notte
dal suo buio grembo.
O sono io non pronto
ancora
al tuo miracoloso avvento...»

Mario Luzi

La mattina di domenica 13 settembre fu terrificante. La più triste e angosciata della mia esistenza. Le due ore di sonno anestetizzarono solo provvisoriamente lo strazio. Nel dormiveglia per pochi istanti cercai rifugio nell'idea che fosse solo un brutto sogno (per tutti i mesi successivi il risveglio sarebbe stato così). Invece, dopo alcuni secondi, la crudele realtà ti lacera la carne viva come una sciabolata in faccia...

Ti alzi dal letto schiacciato da un macigno insopportabile sul cuore. Perché? Com'è stato possibile? Che significa? Tramortito, devastato dal dolore, ti senti piegare le gambe come se fossi sempre sul punto di svenire... Ti sembra che niente di quello per cui quotidianamente ci affanniamo abbia più alcun valore: daresti via subito tutto, tutto quello che possiedi, compresa la salute e la vita, tutto quello che sei, che fai, perché non fosse mai accaduto. Sai che tua figlia vale più di qualunque cosa. Immensamente di più.

Ogni altra sorte ti appare invidiabile, perfino quella del malato, afflitto da gravi sofferenze, e quella di chi muore... Si è disposti a tutto, a dare tutto, a fare tutto, a perdere tutto, pur di far rivivere una giovane figlia in fiore...

Per non impazzire, per non essere sopraffatto da un'impotenza insopportabile, puoi e sai soltanto e continuamente mendicare, supplicare, implorare misericordia dal Signore del cielo e della terra, gridare pietà, istante dopo istante, dal mattino alla sera e dalla sera al mattino successivo a Colui che può tutto...

Qualche collega mi telefonò: «Ma come, credi ancora nonostante quello che ti è successo?». Rimasi sorpreso da questa domanda. Ma cosa dici? Ora più che mai ho bisogno di Colui che può tutto. Come chiedere a un naufrago che sta affogando: «Ma perché brami una scialuppa?».

Dunque il rosario continuamente nelle mani e sulle labbra, la preghiera anche durante il sonno, subito e quotidianamente i sacramenti e la messa appunto come un naufrago si aggrapperebbe disperatamente alla scialuppa di salvataggio nell'oceano in tempesta...

Misericordia per questa povera fanciulla, per noi che siamo così annichiliti, totalmente inadeguati, assolutamente incapaci di sostenere tanto dolore...

C'era, all'ospedale di Careggi, un uomo, forse un rom, che trovavo, a ogni ora della giornata, a ogni angolo, a ogni scala, a chiedere la carità. Lo presi in simpatia e gli davo qualcosa, perché mi sembrava lo specchio della mia stessa anima: mendicante con tutti e dappertutto la carità di una preghiera per Caterina...

Ammutolito dal dolore pregavo, rannicchiandomi nel mantello della Madonna, con le parole stesse che la madre Chiesa ci ha insegnato, con le parole della Sacra Scrittura, come da bimbo recitavo le preghiere della sera ripetendo, frase per frase, quelle che recitava mia madre.

Gridavo (e grido) ogni parola con Gesù, in Gesù e per Gesù:

> «Dio mio, Dio mio, perché mi hai abbandonato?
> Tu sei lontano dalla mia salvezza»:
> sono le parole del mio lamento.
> Dio mio, invoco di giorno e non rispondi,
> grido di notte e non trovo riposo.
> Eppure tu abiti la santa dimora,
> tu, lode di Israele.
> In te hanno sperato i nostri padri,
> hanno sperato e tu li hai liberati;
> a te gridarono e furono salvati,
> sperando in te non rimasero delusi.[19]

Io stesso ho dovuto leggere i commenti sarcastici di chi sa solo odiare che ripetevano:

> «Si è affidato al Signore, lui lo scampi;
> lo liberi, se è suo amico».[20]

Pregheremo e offriremo anche per loro, per la loro salvezza...

> Ma tu, Signore, non stare lontano,
> mia forza, accorri in mio aiuto.[21]

Parole ripetute senza posa... Mi sono unito al grido di tutti i sofferenti, dal profondo dei millenni. Tutta la Chiesa sostiene il loro grido:

> Perché, Signore, stai lontano,
> nel tempo dell'angoscia ti nascondi?[22]
> Tu vedi l'affanno e il dolore,
> tutto tu guardi e prendi nelle tue mani.
> A te si abbandona il misero,

[19] Sal 22 (21),2-6.
[20] Sal 22 (21),9.
[21] Sal 22 (21),20-23.
[22] Sal 9-10,22.

dell'orfano tu sei il sostegno.[23]
Ascolta, Signore, la mia voce.
Io grido: abbi pietà di me! Rispondimi.
Di te ha detto il mio cuore: «Cercate il suo volto»;
il tuo volto, Signore, io cerco.
Non nascondermi il tuo volto,
non respingere con ira il tuo servo.
Sei tu il mio aiuto, non lasciarmi,
non abbandonarmi, Dio della mia salvezza.[24]

Mai la mia preghiera era stata così instancabile e appassionata, mai il mio grido così accorato e ferito:

A te grido, Signore;
non restare in silenzio, mio Dio,
perché, se tu non mi parli,
io sono come chi scende nella fossa.
Ascolta la voce della mia supplica,
quando ti grido aiuto,
quando alzo le mie mani
verso il tuo santo tempio.
Non travolgermi con gli empi,
con quelli che operano il male.[25]

Mi sono reso conto, giorno dopo giorno, dall'Avvento alla Quaresima, che la Sacra Scrittura, tutta la Sacra Scrittura e tutta la liturgia della Chiesa sono nel loro insieme un solo grido, un'unica implorazione al Salvatore, alla sua misericordia. Senza di Lui la vita nostra è un orrore disperato... E sempre la Sacra Scrittura e la Chiesa – cioè un immenso popolo dalla profondità dei millenni, da tutta la storia della salvezza – ci garantiscono il soccorso di Dio:

[23] Sal 9-10,35.
[24] Sal 27 (26),7-9.
[25] Sal 28 (27),1-3.

Affidati a lui ed egli ti aiuterà;
segui la via diritta e spera in lui.
Quanti temete il Signore, aspettate la sua misericordia;
non deviate per non cadere.
Voi che temete il Signore, confidate in lui;
il vostro salario non verrà meno.
Voi che temete il Signore, sperate i suoi benefici,
la felicità eterna e la misericordia.
Considerate le generazioni passate e riflettete:
chi ha confidato nel Signore ed è rimasto deluso?
O chi ha perseverato nel suo timore e fu abbandonato?
O chi lo ha invocato ed è stato da lui trascurato?
Perché il Signore è clemente e misericordioso,
rimette i peccati e salva al momento della tribolazione.[26]

Non solo. La stessa Sacra Scrittura contiene una cosa ancora più accorata e potente: la risposta di Dio stesso ai figli che soffrono e lo invocano. Mi dicono che nella Bibbia, per ben 366 volte (si direbbe una volta al giorno, compresi i bisestili), Dio ripete all'uomo che si affida a Lui: «Non temere! Io sono con te».

Non è una favola. Una storia millenaria ne dà testimonianza. La memoria del popolo di Israele e poi della Chiesa è piena di avvenimenti che raccontano la venuta del Liberatore. E anche la mia stessa vita. Dal profondo dei millenni e della storia della salvezza, Dio, proprio l'Onnipotente, ha raggiunto anche me, è venuto da me, misera e indegna creatura mortale e mi ha risposto:

Io sono la tua luce e la tua salvezza
di chi avrai paura?
Io sono la difesa della tua vita,
di cosa avrai timore?[27]
Ti sosterrò io nell'angoscia.[28]
Asciugherò le tue lacrime, figlio mio.[29]

[26] Sir 2,6-11.
[27] Cfr. Sal 27 (26),1.
[28] Cfr. Is 25,4.
[29] Cfr. Is 25,8.

Eppure ci sono momenti desolati in cui mi sento abbandonato...

> Io non ti lascerò né ti abbandonerò. Sii coraggioso e forte.[30]
> Spera in me, si rinfranchi il tuo cuore sperando in me.[31]

Ma io non sono nulla... perché tu dovresti aver cura proprio di me?

> Tu sei per me come la pupilla del mio occhio,
> ti proteggo all'ombra delle mie ali.[32]
> Tu per me sei prezioso, e io ti amo.[33]

Quando mi sono sentito intrappolato in un incubo da cui nessuno poteva liberarmi, Dio mi ha afferrato come il padre abbraccia il figlio piccolo:

> Non temere, perché io ti ho riscattato,
> ti ho chiamato per nome: tu mi appartieni.[34]
> Stringiti a me, la forza della mia destra ti sosterrà.[35]

In questa terribile vicenda mi sento sulle spalle una responsabilità schiacciante, mi trovo a dover fare scelte decisive per Caterina e non so quale sia quella giusta e non ho il coraggio di decidere per l'una o l'altra temendo di sbagliare e causarle del male...

> Confida con tutto il cuore in me, piuttosto che nella tua intelligenza, e io appianerò i tuoi sentieri.[36]

[30] Gs 1,5-6 .
[31] Cfr. Sal 27 (26),14.
[32] Cfr. Sal 17 (16),8.
[33] Is 43,4.
[34] Is 43,1.
[35] Cfr. Sal 63 (62),9.
[36] Cfr. Pr 3,5-6.

Ma la guarirai? Abbi pietà di lei e di noi...

> Non temere. Tu continua solo ad aver fede.[37]

Ma basta la fede?

> Tutto è possibile per chi crede.[38]

Signore, accresci la mia fede... Mi accorgo che ancora prima che arrivasse questa prova, sapendo che sarei stato terrorizzato e paralizzato dal dolore e dall'orrore, tu mi hai preparato lungamente:

> Non aver paura, perché io sono con te.[39]
> Quando camminerai in una valle oscura
> non temere alcun male, perché io ti accompagnerò.[40]

Quando il terrore di ciò che potrà accadere mi fa sentire totalmente indifeso e inerme e mi sento piegare le ginocchia, Lui mi rassicura:

> Non lascerò vacillare il tuo piede
> Io sono il tuo custode e sto alla tua destra,
> ti proteggerò sotto la mia ombra,
> di giorno non ti colpirà il sole
> né la luna di notte,
> Io ti proteggerò da ogni male,
> proteggerò la tua vita.[41]

I miei figli, Signore, sono la mia stessa vita, in particolare Caterina, oggi.

[37] Mc 5,36.
[38] Mc 9,23.
[39] Is 43,5.
[40] Sal 23 (22),4.
[41] Cfr. Sal 121 (120),3.5-7.

Riporteranno i tuoi figli in braccio,
le tue figlie saranno portate sulle spalle.[42]
Io compio prodigi per il mio fedele.[43]
Veglierò su di voi, dovunque, da ora e per sempre.[44]

Ma chi si prenderà cura di Caterina? Chi la guarirà?

Io la amo. Io stesso condurrò le mie pecorelle al pascolo e le farò riposare. Andrò in cerca dell'agnellino perduto e ricondurrò all'ovile quello smarrito, fascerò l'agnellina ferita e, se malata, io stesso la curerò.[45]

Sapendo che ogni giorno e ogni ora di questa terribile prova, per la mia nullità, mi sarei abbattuto e ogni avversità mi avrebbe riempito di sgomento, mi fa sapere che Lui veglia su ogni mio passo, perché nulla sfugge al Suo potere:

Se dovrai attraversare le acque,
Io sarò con te;
i fiumi non ti sommergeranno.
Se dovrai passare in mezzo al fuoco
Non sarai bruciato,
La fiamma non potrà scottarti
Perché io sarò con te.[46]
Io sono il Dio vivente
Che libera e salva,
faccio segni e compio prodigi in cielo e in terra,
Sono io che ho liberato Daniele dalle zampe dei leoni.[47]

È vero. Dio ha fatto cose grandi, anche nella mia esistenza e nella mia famiglia (a me ha salvato la vita quando avevo cinque

[42] Is 49,22.
[43] Cfr. Sal 4,4.
[44] Cfr. Sal 121 (120),8.
[45] Ez 34,15-16.
[46] Is 43,2-3.
[47] Cfr. Dan 6,27-28.

anni e così agli altri due miei figli. E ha dato una grande famiglia di amici e gioia a tutti i miei giorni). Ho visto le grandi cose che lui compie. Eppure non mi basta sapere questo, perché una volta precipitato in una simile prova, arrivano istanti in cui ci si sente drammaticamente abbandonati in balìa del male...

> Si dimentica forse una madre del suo bambino
> Così da non commuoversi per il figlio del suo seno?
> Anche se ci fosse una donna che si dimenticasse
> Io invece non ti dimenticherò mai.[48]
> Perfino i capelli del vostro capo sono contati.[49]

Il succedersi dei giorni pieni di pena tuttavia ci affatica. Soprattutto da settembre a dicembre sono stati strazi quotidiani... Quanti precipizi in questa Via Crucis... Quante volte la spossatezza ha rischiato di schiantarci. I nostri silenzi dicevano: chi darà rifugio al mio cuore smarrito?

> Venite a me voi tutti che siete affaticati e oppressi e io vi darò riposo.[50]
> Io avrò cura di voi.[51]

Mai ci sono mancate quelle sue braccia spalancate. Inchiodate alla croce. Certo, il macigno che grava su di noi rimane e a volte sembra schiacciarci, ma il Signore Gesù che sta portando per me la croce sul Calvario mi dice:

> Non sia turbato il tuo cuore.[52]
> Io ti salverò... mai permetterò che il giusto vacilli.
> Getta su di me le tue pene.[53]

[48] Is 49,15.
[49] Mt 10,30.
[50] Mt 11,28.
[51] Is 66,12-13.
[52] Gv 14,1.
[53] Cfr. Sal 55 (54),23.

Ve lo confesso: io lo faccio. Quante volte, in questi mesi, nella Santa Messa quotidiana, al momento della consacrazione e della comunione ho implorato Lui, «l'uomo dei dolori», il nostro Salvatore coperto di piaghe, così: paga tu per noi, Signore. Io sono pronto ad aiutarti come posso, ma tu fai scudo col tuo stesso corpo a Caterina, prendi tu i colpi che il Male scatenato le infligge, soffri tu al posto di questa bimba che è il tuo agnellino, quello che il Buon pastore va a cercare e si carica sulle spalle.

> Io ti amo di un amore eterno.[54]
> Mi caricherò le vostre sofferenze,
> mi addosserò i vostri dolori,
> le mie piaghe vi guariranno,[55]
> perché abbiate la gioia e la vostra gioia sia piena.[56]

Talvolta penso che tutta questa angoscia finirà per annientarci...

> Non sia turbato il vostro cuore e non abbia timore. Io vi dono la mia pace.[57]
> Cambierò il vostro lutto in gioia, vi consolerò e vi renderò felici.[58]
> Quando sarai stanco ti darò io la forza
> Se ti sentirai spossato moltiplicherò il tuo vigore.
> Chi spera in me riacquista forza
> Mette ali d'aquila
> Corre senza affannarsi.[59]

Cosa dobbiamo fare?

[54] Ger 31,3.
[55] Cfr. Is 53,4-5.
[56] Gv 15,11.
[57] Gv 14,27.
[58] Cfr. Est 4,17h.
[59] Cfr. Is 40,29-31.

> Rimanete nel mio amore.[60]
> Ascoltate sempre la mia voce e camminate sempre sulla mia strada perché siate felici.[61]

Un ultimo dubbio torna spesso a tormentarci, che quello che Gesù ha fatto e ci ha detto e promesso sia una cosa del passato, di duemila anni fa e che quelle sue parole non siano oggi per noi... Ma la sua risposta è categorica e possente:

> Passeranno il cielo e la terra, ma le mie parole non passeranno mai![62]

[60] Gv 15,9.
[61] Ger 7,23.
[62] Mt 24,35.

«Io sono con te...»

«Se l'anima cerca Dio, molto di più il suo amato Signore cerca lei!»

San Giovanni della Croce

Tutte queste cose che stanno nella Sacra Scrittura (quelle che avete appena letto), io, in questi mesi, le ho viste. Più che leggerle e saperle, le ho toccate con mano. Quel forte abbraccio, quella tenera carezza, quel rifugio sicuro...

Ricordo che nei primi minuti, subito dopo la tremenda telefonata, istintivamente cercai col pensiero mio padre, come cercherebbe la solida terra un uomo che di colpo si sente sprofondare. E in una frazione di secondo realizzai che mio padre non c'era più, da qualche anno. Mai come in quel momento avvertii la sua mancanza e mi sentii piegare le ginocchia. Mai mi sono sentito così spaventosamente solo. Ero solo al mondo. Annichilito...

Ma di lì a poche ore un altro padre mi disse: «Io sono con te! E prego... Porta il mio abbraccio a Caterina e a tutta la tua famiglia». Don Julián Carrón[63] mi telefonò dal Brasile – poche ore dopo l'evento – per dirmi queste parole semplici, che poi mi ha ripetuto, tali e quali, al telefono e di persona.

Mi colpì tantissimo perché non si mise a farmi sermoni,

[63] Don Julián Carrón è il sacerdote che, dopo don Giussani, è diventato responsabile del movimento di CL.

esortazioni, raccomandazioni (su cosa avrei dovuto sentire, fare e pensare) che avrei sentito insopportabili (e c'è chi l'ha fatto). No, lui mi disse, con tutto il cuore e sottovoce, le sole parole che in quella situazione desideravo sentirmi dire: «Io sono con te». Bramavo sentirmi dire, con sincerità, solo quelle precise parole. Nient'altro bisogna dire a chi soffre.

Solo dopo molto tempo ho riflettuto e mi sono accorto che sono le stesse identiche parole che mi ero sentito rivolgere da don Giussani l'ultima volta che lo sentii, nel novembre 2002, quando mi telefonò dopo l'inizio di *Excalibur*.

Quelle stesse parole – «Io sono con te!» – non furono solo un immenso conforto e un formidabile incoraggiamento, ma furono le sue ultime parole a me e io le conservo gelosamente nel cuore come il dono inestimabile di don Giussani per tutti i giorni della mia vita.

Mi ci è voluto infine un altro po' di tempo per scoprire, «casualmente», che una delle espressioni più frequenti e più importanti che Dio ripete in tutta la Sacra Scrittura è esattamente questa, la stessa: «Non temere! Io sono con te».[64]

Ci ho pensato ed è meraviglioso. In fondo tutta la storia della salvezza si riassume in queste poche, semplici parole: «Non temere! Io sono con te». Che si sono chiarite definitivamente duemila anni fa: «Il Verbo si è fatto carne ed abita in mezzo a noi»; «Io sarò con voi tutti i giorni, fino alla fine dei tempi».

Così questo confortante soccorso dell'Onnipotente, questa commovente carezza del Nazareno, riportata sui Libri sacri dalla profondità dei secoli, mi arrivava oggi da labbra e volti e sguardi concreti di amici, fratelli e padri. Dai giovani amici di Caterina, dalla mia comunità cristiana e dalla Chiesa intera: in modo ancora più intimo e potente nei sacramenti.

[64] Pare che proprio con questa frase Madre Teresa di Calcutta sostenesse le figlie o le sorelle che si trovavano in difficoltà o manifestavano qualche loro timore.

Nella sala d'aspetto della terapia intensiva di Careggi, per settimane coloro che passavano hanno visto decine di ragazzi in silenzio o raccolti, tutti insieme, sottovoce, a recitare il rosario. Uno spettacolo per il mondo e per gli angeli. Qualcuno di passaggio si univa alla preghiera. Altri passavano in silenzio...

Uno di quei primi giorni venne a trovarci Paolo Brosio che poi, ritornato a casa, mi scrisse:

Quei giovani davanti alla rianimazione di Careggi mi hanno emozionato. È un mondo meraviglioso. Un mondo silente che fa sperare per il futuro. La vicenda dolorosa di tua figlia mi ha regalato una pagina di vita tutta da scoprire. La vita semplice e sana degli amici di Caterina. Sento il bisogno di tornare per capire quei giovani e pregare con loro. Ciao Antonio, amico mio, che Dio protegga te e la tua famiglia.

Dunque, fin dalla prima nottata passata in ospedale, quella del 12 settembre, ho voluto ringraziare i tanti ragazzi che sono stati lì accanto a noi e poi i tanti amici o conoscenti che mi avevano fatto sapere, per telefono, per mail e con tutti i mezzi, che stavano ardentemente pregando per la nostra bella principessa.

Nel blog poi rivolsi a tutti la mia accorata richiesta:

C'è una cosa importantissima e preziosissima che si può fare: pregare! Far celebrare messe e recitare rosari per la sua guarigione è, in questo momento, la speranza più grande. Noi e gli amici lo stiamo facendo instancabilmente. Che Dio vi benedica.

Suggerii anche di chiedere l'intercessione di don Giussani con la preghiera che domanda per lui la gloria degli altari.[65]

[65] «Signore Gesù, tu che ci hai donato don Giussani come padre e ci hai insegnato, attraverso di lui, la gioia di riconoscere la nostra esistenza

Immaginavo che a leggere e accogliere il mio messaggio sarebbero stati gli amici, in giro per l'Italia o fuori, e al massimo i conoscenti. Invece da quelle poche parole, che erano un piccolo pugno di neve, si è messa in moto imprevedibilmente e spontaneamente un'autentica valanga.

Che ha sorpreso tutti, me per primo, perché nemmeno se avessimo voluto avremmo potuto o saputo organizzare una cosa simile. Del resto Caterina era conosciuta solo dai suoi amici universitari di Firenze. Ora, di colpo, la sua storia toccava i cuori di migliaia di persone che neanche l'avevano mai vista e il suo nome si accendeva sulle labbra e nei cuori di un fiume di uomini e donne, non solo in Italia, ma in tutto il mondo.

Di bocca in bocca letteralmente fino ai quattro angoli della terra. A cominciare dagli universitari di CL di Firenze, con rosari, digiuni, messe, poi tutto il CLU e quindi tutto il movimento, fino a coloro che sono in missione, dall'America Latina al Kazakhstan, dal Kenia al Canada.

Una studentessa della Cattolica di Milano – Irene – mi scrisse stupendosi di questa inimmaginabile abolizione dell'estraneità, di questo scoprirsi un cuor solo e un'anima sola perfino con chi non si conosce:

Anche qui da lunedì 14 settembre abbiamo cominciato a pregare l'Angelus del mezzogiorno per Caterina. E anche in appartamento dove vivo con altre sei ragazze, tutte le sere prima di andare a letto, affidiamo lei e voi, e chiediamo a don Giussani il miracolo. Ma penso che il miracolo stia già avvenendo, perché è inspiegabile come tutta questa gente stia pregando per Caterina.

Io, come credo tre quarti di noi che studiamo a Milano, non

come offerta a te gradita, concedici per sua intercessione la grazia della guarigione di Caterina. Te lo chiediamo per la sua glorificazione e per la nostra consolazione. Amen.»

so neanche che faccia abbia Caterina, eppure (almeno, parlo per me) la sento cara e ce l'ho nel cuore come ho le mie amiche più care, che ormai conosco da cinque anni.

È incredibile, ne parlavo anche con un mio amico, è incredibile come si possa voler bene e avere così cara gente che neanche si conosce. Ma com'è possibile? Io la domanda me la pongo ogni volta che prego per lei e per voi, ma non voglio darmi una risposta affrettata chiudendo lì, non voglio darmi una risposta banale o peggio ancora moralista che so già che mi farebbe star buona per i primi cinque minuti... ma poi mi starebbe troppo stretta! L'unica cosa che posso fare è tenerla aperta e stare a guardare! Appena ho un buco di tempo tra gli ultimi due esami prima di cominciare a scrivere la tesi, volevo passare da don Giussani e pregare per voi. Vi abbraccio!

Davanti ai nostri occhi si stava avverando la promessa di Gesù: «Chiedete e vi sarà dato». Avevamo chiesto ad alcuni amici una semplice e umile preghiera, come un bicchiere di acqua fresca nel deserto, e ci ha risposto un immenso popolo, con fiumi e fiumi di acqua viva. Che è preghiera e offerta di sé.

Il 13 settembre, il giorno dopo il dramma, in una città del Nord, alcuni giovani iniziavano il cammino dei Memores Domini, un cammino di consacrazione.

Al mattino tutti erano scossi dalla notizia arrivata da Firenze. Una di queste ragazze, di ventitré anni, quasi coetanea di Caterina, si avvicinò a Mariella, sapendo che è una nostra amica, e le disse: «Devi riferire ad Antonio e Alessandra che noi ci offriamo anche per Caterina...».

E lei non l'aveva mai vista né conosciuta... Che spettacolo sono i cristiani! Come non desiderare di vivere questo stesso amore, questa stessa offerta? «Vi esorto fratelli ad offrire i vostri corpi come sacrificio vivente...» (Rm 12,1). Quanto eroismo conosciuto solo dagli occhi degli angeli! Quante testimonianze così, mano a mano che da ogni parte mi arrivavano notizie di persone e gruppi che «bombardavano» il Cielo di suppliche...

Perché tutto si è allargato incredibilmente a macchia d'olio e questa corale implorazione si è alzata da tantissime parrocchie (a cominciare dalla nostra, dei santi Giacomo e Niccolò), dagli amici del Rinnovamento nello Spirito, da tante comunità neocatecumenali, dal mio caro «popolo di Medjugorje», da Radio Maria e da tantissimi meravigliosi gruppi di preghiera di Padre Pio, da amici dell'Opus Dei e dell'Azione cattolica. È stata addirittura aperta una pagina su Facebook da due ragazzi che non hanno mai conosciuto Caterina e che hanno raccolto quasi duemila iscritti con il programma di pregare costantemente per lei.

Ardentissime e commoventi le preghiere dei miei cari fratelli della Comunità dei figli di Dio di don Divo Barsotti. Anche papa Benedetto XVI, che conosco da anni, informato, si è unito con la sua paterna e tenera supplica per Caterina. E così alcuni vescovi miei amici.

E ancora tantissimi conventi di ogni ordine, in modo speciale le clarisse e i francescani. Nei primi cinque mesi sono state celebrate almeno quattrocento messe per la guarigione di Caterina, fra di noi e nei più diversi santuari del mondo: da Santiago di Compostela a Częstochowa, da Medjugorje a Fatima, da Lourdes a Guadalupe, dalla Divina Misericordia di Cracovia ad Assisi, da Vilnius a Loreto, dalla basilica del Santo Sepolcro di Gerusalemme al Sacro Monte di Varese, dal Santuario di Santa Caterina a Siena fino a San Pietro a Roma, dalla Santissima Annunziata a Firenze a Rue du Bac a Parigi, da San Giovanni Rotondo fino alle sperdutissime missioni dell'Africa profonda.

Eravamo e siamo pieni di meraviglia... Ma in fondo noi abbiamo solo potuto vedere e toccare con mano quello che è donato a tutti. Infatti ogni creatura provata e sofferente, anche se si sentisse totalmente sola, può ogni giorno, da qui all'eternità, entrare in qualunque chiesa del pianeta dove si celebra il Santo Sacrificio e lì trovare la carezza del Nazareno, l'abbraccio di un immenso popolo che ai quattro angoli della terra prega per lei, che per lei offre anzitutto il corpo e il sangue, l'anima e la divinità del Figlio di Dio, come riscatto di liberazione. Offre cioè la sua terribile passione e la sua morte. E insieme a Lui, di cui una sola goccia di sangue basterebbe a salvare il mondo intero, offre anche tutti i meriti e tutte le sofferenze dei santi, quelli del cielo e quelli della terra, per quel mistero mirabile della comunione dei santi in forza del quale i fratelli si caricano dei tuoi pesi e ti aiutano con i loro meriti.

Tutto questo immenso mistero mi si è reso visibile e tangibile fin dall'istante successivo a quella tremenda telefonata: per noi e insieme a noi un popolo intero ha cominciato a supplicare per Caterina.

Negli orari in cui potevamo entrare in rianimazione, davanti alla mia bella addormentata distesa su quel letto, crocifissa da mille terribili ferite provocate dalle operazioni e dai macchinari, silente, con i suoi occhioni chiusi, le raccontavo che tutto il mondo pregava per lei e le era vicino, sperando che potesse sentirmi, capirmi e potesse trarne conforto e coraggio.

Lei restava silenziosa. Del resto è sempre stata molto taciturna, fin da bambina. Per noi genitori, in fondo, i nostri figli – anche quando sono ormai adulti – restano sempre i nostri fanciulli. Per questo mi commuoveva vederla anche in questi anni, giovane donna, laureanda in Architettura: una ragazza con un cappottino rosso, sotto il quale spuntavano jeans e scarpe Converse. Aveva spesso uno zaino sulle spalle e trascinava un trolley o portava strani contenitori dove stavano i progetti e i disegni. Che tenerezza infinita mi faceva Caterina quando scendeva dal pullman, venendo da Firenze, così gravata di valigie.

Lei che detestava essere al centro dell'attenzione, mai

avrebbe immaginato di trovarsi quotidianamente sulle labbra e nel cuore di migliaia di persone.

Né poteva immaginare una croce così pesante, destinata a lei. Ancora meno poteva sapere che attraverso il suo silenzioso «sì», per tante persone – a cominciare da noi – iniziasse o riprendesse un cammino di conversione serio e deciso.

Volevo ringraziare tutte queste persone in preghiera e non potendo farlo – almeno subito – tramite messaggi personali, il 17 settembre scrissi per tutti sul blog «Qualche notizia su Caterina»:

Amici carissimi,

mi arrivano centinaia di mail ogni giorno a cui, come potrete capire, faccio fatica a rispondere, travolti come siamo dalla vicenda della nostra dolce principessa. Posso aprire la posta solo raramente e a notte fonda.

Quindi mi scuso con tutti coloro a cui non potrò rispondere e soprattutto ringrazio dal profondo del cuore per le tantissime preghiere che un popolo intero, in Italia e nel mondo, nei posti più lontani, in queste ore sta alzando al Cielo. È un popolo bellissimo e davvero commovente.

Ne abbiamo immenso bisogno perché in queste ore Caterina è stabile, sul piano fisico generale, ma in una situazione drammatica e delicatissima dal punto di vista neurologico.

Dobbiamo pregare ardentemente perché riesca a svegliarsi e possa tornare fra noi senza avere gravi danni cerebrali. Vi imploro ancora di pregare con noi per questo, convinto che si debba fare come ci ha insegnato la Madonna a Cana, lei che per prima «vinse» la volontà di suo Figlio, «forzandolo» a soccorrere quella povera gente.

A Rue du Bac, rispondendo a santa Caterina Labouré a proposito di alcuni anelli alle sue mani che non emettevano raggi, la Vergine spiegò: «Sono le tante grazie che mio Figlio è pronto a concedervi, ma che voi non chiedete». In un'altra apparizione ha ripetuto: «Il Cuore di mio Figlio si lascia commuovere».

Vi assicuro che lo spettacolo di fede e amore che mi stanno dando in queste ore gli amici di Caterina, sempre in preghiera lì da lei, e tantissimi di voi, con tutte le vostre testimonianze, con l'amore che avete per mia figlia anche senza averla mai incontrata, commuove perfino me che sono cattivo, dunque è sicuro che commuoverà Gesù che è la Bontà.

Del resto lui stesso ci ha insegnato a chiedere insistentemente, senza stancarci mai, senza mai perdere la fiducia perché – dice in un passo del Vangelo, parlando della «donna importuna» – se non altro per la sua insistenza verrà accontentata. E dice anche che «il regno dei Cieli appartiene ai violenti» che ne saccheggiano i tesori: ecco, noi vogliamo farGli questa dolce violenza con le nostre lacrime e le nostre preghiere, accompagnati da tutti i santi che abbiamo avuto anche la grazia di avere come amici sulla terra.

Poi, un giorno, quando potrò, racconterò quante persone che si dicono atee o agnostiche, per tenerezza verso Caterina, in queste ore, hanno ricominciato a pregare. Ma siamo anzitutto noi, io, Alessandra, i nostri amici, che in queste ore ci stiamo convertendo. Ed è una conversione veramente definitiva. E per questo con ancor maggiore insistenza chiediamo al Signore la consolazione della guarigione di Caterina.

Amici cari, vi imploro di continuare con noi in questa implorazione continua che ci sta già cambiando e ci fa capire – perché è il Signore che ci illumina così – quanto dipendiamo totalmente dalla Sua Grazia. Totalmente.

Vi abbraccio uno ad uno.

Scrivevo queste cose perché stavo ricevendo centinaia di mail di sconosciuti (in quattro mesi circa cinquemila) che – commossi – si univano alla nostra preghiera. C'è chi si è unito anche ai digiuni. Molti mi avevano «incontrato» leggendo i miei libri o gli articoli e si sentivano «in debito» e affermavano di volermi «restituire» qualcosa di quello che avevano ricevuto.

In altri casi persone che non erano (o non sono) credenti o praticanti. Mi ha scritto ad esempio Nicoletta:

Gent. dott. Socci,

non sono troppo credente, anzi per nulla... ma mi ha colpito la storia di sua figlia, e soprattutto il suo appello a pregare per lei.

Oggi sono entrata in una chiesa, ed ho acceso una candela per Caterina, perché guarisca e si rimetta al più presto...

Le auguro con tutto il cuore che con la cospirazione di Dio e l'universo Caterina torni a vivere la sua bella e giovane vita...

In molti casi a scrivermi sono state persone che si ritengono o si definiscono credenti tiepidi e che – per me inspiegabilmente – nella vicenda di Caterina hanno trovato le ragioni e l'entusiasmo della fede. Ad esempio Priamo mi scrive in novembre:

Caro Antonio,

sono un tuo affezionato lettore ed estimatore. Anche grazie ai tuoi libri ho potuto riscoprire e rafforzare la mia fede che però sentivo sempre troppo incerta e precaria. Se non ricordo male, nelle ultime pagine di Mistero Medjugorje *parlavi di tua figlia Caterina. (...) La sua dolorosa vicenda, che ho appreso dal gruppo di Facebook a cui sono iscritto, mi ha colpito. Ma ancor più mi ha spalancato definitivamente le porte della Fede, aprendomi il cuore. Ho digiunato, ho pregato e pregherò ancora per lei e per voi tutti. Ho ascoltato e riascoltato, commuovendomi, la voce di Caterina che canta la struggente* Ojos de cielo. *A dicembre andrò in pellegrinaggio a Medjugorje con mia moglie (il viaggio era già prenotato, proprio per la festa dell'Immacolata Concezione, ma adesso sento che andrò con uno spirito nuovo). Io sono un pessimo cristiano, non sono un santo, di fronte alla tua Fede e alle tue parole di questi giorni mi sento assolutamente indegno. Ma voglio dirti che la soffe-*

renza di Caterina e vostra è un privilegio ed è la prova dell'esistenza di Dio. Per quanto mi riguarda il miracolo è già avvenuto, grazie a Caterina. Io la carezza di Gesù l'ho sentita e ho sentito nel cuore la parola che salva l'anima e rende la vita piena. Per questo vi ringrazio. Continuerò a pregare.

In diversi altri casi si tratta di mail di persone che – mi hanno confidato – da qualche decennio erano lontane dai sacramenti e che, per la nostra dolce principessa, sono tornate a confessarsi, a comunicarsi e perfino a digiunare.

Salve dott. Socci,

mi chiamo Simone, sono uno studente di Architettura che la segue da qualche tempo, e la ringrazio per tutto quello che ci ha dato finora.

Mi perdoni se mi permetto di scriverle in questi momenti, ma volevo farle sapere che la sofferenza di Caterina, la sua Caterina, che, come ha detto anche lei, ora è diventata anche un po' la nostra Caterina, mi ha fatto tornare a pregare: avevo quasi abbandonato del tutto la preghiera, e adesso ho ricominciato prima con due Rosari per Caterina, poi con due digiuni, sempre per lei, a pregare e a digiunare come facevo tempo fa.

Quando verrà il momento, perché io sono certo che verrà, lo sento, ringrazi Caterina per me.

Io lo farò, se non avrò altro modo prima, almeno, spero, quando la incontrerò in Paradiso.

Certamente ricorderò Caterina sempre nelle mie preghiere.

Che il Signore vi benedica per il bene che ci avete fatto.

Vicino nella fede.

Un altro giovane, Marco, mi ha scritto:

È già qualche tempo che mi sono allontanato dalla fede, e non capisco bene perché occorra chiedere a Dio di concederci qual-

cosa che Egli sa già che vogliamo, di cui abbiamo bisogno. Anche a me è successo qualcosa di incomprensibile qualche mese fa, ne sono ancora stravolto: io e la mia vita lo siamo.

Per questo mi sento vicino alla tua tragedia, e stanotte pregherò per Caterina, così come ho pregato – purtroppo invano – per riavere quel che ho perso. Quindi non è che la mia preghiera varrà molto, ma quel po', eccolo.

Dopo il mio ringraziamento ha aggiunto:

Caro Antonio,

il primo miracolo è che ancora prego per Caterina. Il secondo miracolo, la sua guarigione, è questione di tempo se quel che dici è vero. Un abbraccio.

Quelle più sorprendenti sono le mail di persone con convinzioni molto distanti dalle mie che però, di colpo, davanti al dolore, avvertono nel cuore lo slancio di un abbraccio. È il caso di Tiziana:

Caro Antonio,

mi rivolgo a te con un tono che mai avrei immaginato di usare nei tuoi confronti. Ho sempre condiviso poco e niente delle tue posizioni e dei tuoi pensieri; sono una donna di sinistra e non credente ma adesso sento forte la necessità di esprimerti la mia comprensione, in tutta sincerità e con tutto il mio cuore.

Non posso dirti che pregherò, non ne sono capace e forse è un male, ma ti sono vicina e se i pensieri e i sentimenti valgono ancora qualcosa, sono certa che posso aggiungermi al coro di tutti coloro che per Caterina pregano. Un abbraccio forte a te e a tutta la tua famiglia.

Ho risposto pensando a quanto è vero che tutti desideriamo – anche senza saperlo – la carezza del Nazareno. Perciò ho scritto: «Grazie, cara Tiziana, mi commuove il tuo gesto. Se non ti offendi vorrei dirti: che Dio ti benedica e ti dia pace e gioia. Ciao, Antonio». E lei: «Come potrei offendermi per un pensiero così bello? Ti sono vicina e permettimi di chiederti di dare a Caterina una carezza da parte mia. Tiziana».

In altri casi si tratta di giovani ragazzi o ragazze che si sono imbattuti per caso nella nostra vicenda e hanno cominciato a ripensare la propria vita e ad accorgersi di Dio, come è successo a Chiara.

Caro Antonio,

sono una ragazza di ventidue anni che ha seguito fin dal primo giorno la vicenda di Caterina grazie al mio ragazzo che, conoscendola, mi ha reso partecipe di questo momento difficile per lei e per tutti voi.

Sono alcuni giorni che tento di scrivere queste parole, ma un po' per timidezza, un po' per paura di sembrare indiscreta in una situazione tanto delicata, ho sempre rinunciato a farlo.

Ebbene, non riesco più a tenermi dentro ciò che sento, talmente mi sento riconoscente nei vostri confronti. La prima cosa che intendo dire è GRAZIE*, con tutto il mio cuore. «Caterina senza fare nulla muove il mondo»,*[66] *non c'è niente di più vero.*

Mesi fa ero solo una ragazza che si poneva mille domande, ma che non si era mai impegnata sul serio nel cercare le risposte; mi lasciavo trasportare dal fiume della vita, senza sapere precisamente chi ero e dove stavo andando.

Finché il 13 settembre, giorno in cui ho saputo la bruttissima notizia, ho cominciato a leggere il suo blog su internet... e da lì anche la mia vita è cambiata.

I giorni passavano, e più leggevo, più trovavo le risposte alle domande che mi ero sempre posta; inoltre, provavo inspiegabilmente un senso di affetto verso Caterina, che non ho ancora conosciuto ma che sentivo e sento sempre più familiare.

[66] Questa è la citazione di una frase del blog, come vedremo più avanti.

Il culmine è stato quando l'ho sentita cantare.[67] *Anche io adoro il canto, essendo una persona molto timida l'ho sempre visto come l'unico mezzo tramite il quale riesco a essere veramente me stessa e a far capire ciò che sento.*

Appena l'ho ascoltata, è come se un vento caldo mi avesse avvolto il cuore e l'anima, mi sono fatta dolcemente cullare da quella sensazione sconosciuta, ritrovandomi a cantare Ojos de cielo, *insieme a lei...*

Non so perché, ma era come se nel mio cuore regnasse la certezza che Caterina mi avrebbe sentita, e che questo l'avrebbe aiutata a svegliarsi. Tuttora a dirlo mi sento un po' ridicola, ma è una cosa che è venuta da sé, senza pensarci!

Ho sempre vissuto la religione con molta immaturità, come un qualcosa di etereo, di superficiale.

Il regalo che Caterina e che le parole che ho letto mi hanno fatto, è inestimabile.

Adesso sto cominciando a percepire sensazioni inspiegabili mai provate prima, prego ogni giorno di cuore come se mi rivolgessi a una Persona che conosco da sempre, mi sento improvvisamente al sicuro, custodita da quegli Occhi di Cielo e sento il bisogno di ringraziare per tutto quello che ho, ma soprattutto di ringraziare voi per tutto questo. Questa citazione in particolare mi ha colpito:

«La preghiera che scaturisce dalla fede incrollabile è la forza più grande a disposizione dell'uomo per cambiare il mondo.»

Prego anche io ogni giorno per Caterina, so che arriverà presto il giorno in cui potrò sentirla cantare dal vivo.

Vi sono vicina, un abbraccio a tutti voi.

Io non so dire cosa e come abbia toccato e commosso tutte queste persone, ma penso che il Signore è grande e rag-

[67] Su internet si possono sentire alcuni brani cantati da Caterina, come *Ojos de cielo*.

giunge e conquista i cuori nei modi più inaspettati. Noi crediamo magari che si manifesti attraverso le nostre iniziative, le nostre opere, i nostri progetti, la nostra forza e invece Lui fa sfolgorare la sua gloria attraverso la nostra debolezza, tramite le nostre lacrime e la nostra inerme e nuda mendicanza.

Credo che, dopo aver sentito la mia richiesta di preghiere, molti abbiano scoperto che pure di fronte a uno di quei drammi che ti fanno ammutolire e ti fanno sentire impotente, si può fare qualcosa, anzi, si può fare una cosa preziosissima e molto potente: pregare. Penso che per molti accorgersi che Dio può tutto e lo si può implorare come i figli fanno con un Padre, sia stata una scoperta capace di spalancare l'anima e la vita.

Del resto la preghiera di domanda è – secondo me – la preghiera per eccellenza. Un superficiale moralismo induce alcuni a deprecare che ci si rivolga a Dio per «chiedere», come se fosse sconveniente. Ma ha ragione il cardinale Biffi a sostenere che chi la pensa così è assai poco evangelico. Perché è Gesù stesso che ci esorta ripetutamente a chiedere senza stancarci: a lui nel Vangelo tutti chiedono e quando non lo fanno – come il malato della piscina di Betzaetà – è Gesù stesso, impietosito, che gli domanda: «Vuoi guarire?» (Gv 5,1-15).

È Gesù che ci invita a «importunare» continuamente il Padre con fiducia – facendo come il «fastidioso» vicino che bussa di notte – senza mai desistere. Ci suggerisce anche qualche modo formidabile per conquistare il cuore di Dio, come la preghiera comune: «In verità vi dico ancora: se due di voi sopra la terra si accorderanno per domandare qualunque cosa, il Padre mio che è nei cieli ve la concederà. Perché dove sono due o tre riuniti nel mio nome, io sono in mezzo a loro» (Mt 18,19-20).

La preghiera di domanda è la più autentica perché evidenzia chi siamo noi – un nulla, radicalmente bisognoso di ogni cosa – e chi è Dio: Dio è tutto, può tutto ed è un Padre tenero e provvidente.

Dunque noi abbiamo preso d'assalto il Cielo. Questo, non quello dei rivoluzionari, è l'unico «assalto al Cielo» possibile perché è il Cielo che è sceso sulla terra. E ci sono «occhi di cielo» che sono fra noi, ci seguono amorosamente e sono sempre pronti per spalancare dinanzi a noi tesori di grazie.

Ritorno da Lei...

«Vi sono giorni nell'esistenza in cui non ci si può più contentare dei santi patroni.
Essere arditi. Una volta.
Rivolgersi arditamente a colei che è
Infinitamente bella.
Perché è anche infinitamente buona,
A colei che intercede.
La sola che possa parlare con l'autorità di una Madre.
Rivolgersi a colei che è infinitamente pura,
Perché è anche infinitamente dolce.
A colei che è infinitamente nobile.
Perché è anche infinitamente cortese.
Infinitamente accogliente.»

Charles Péguy

Il 18 settembre torno alla chiesa della Santissima Annunziata per la prima volta da quando mia figlia è in ospedale. Lascio la macchina sui viali, m'incammino verso il centro di Firenze e rivivo le stesse emozioni di quel giorno di cinque anni prima in cui ho accompagnato Caterina e, proprio in quella chiesa, davanti a quell'antica immagine, l'ho affidata alla protezione della nostra dolce Madre, Regina della città – Siena – dove io e Caterina siamo nati.

Del resto di Firenze è Re Gesù stesso, da cinquecento anni. Nel 1527, durante un duro assedio, il Consiglio della città a gran maggioranza decise di eleggere Gesù Re di Firenze – come anni prima aveva proposto Gerolamo Savonarola – e sulla porta maggiore di Palazzo Vecchio (fra il *Davide* di Michelangelo e l'*Ercole* del Bandinelli) fu posta una lastra di marmo con questa epigra-fe: «Jesus Christus Rex Florentini Populi S.P. Decreto Electus».[68]

[68] La storia è raccontata da Giovanni Papini nel suo *Storia di Cristo* (Vallecchi 1921, p. XXX), dove sottolinea che «quel decreto non fu mai

Memore di questa potente, invincibile regalità, io supplico il nostro splendido Capitano di non permettere che, nella sua città, il Maligno possa compiere incursioni così sanguinarie e vittoriose contro una sua cara figlia.

Camminando contemplo, come quel giorno, la maestosa cupola del Brunelleschi che rappresenta il grembo di Maria gravido del Figlio di Dio:[69] «Nel ventre tuo si raccese l'Amore / per lo cui caldo nell'etterna pace / così è germinato questo fiore» (Dante).

Quanti ricordi in quelle strade, quanti amici, quante meravigliose avventure negli anni dell'università con Andrea, Lele e tutti gli altri, che bel fiume di memoria cristiana unisce i santi di ieri a quelli di oggi, in una grande catena umana nella città della bellezza.

Ricordo i pensieri di quel giorno. Rammento che cinque anni fa sono passato davanti a san Marco, il convento domenicano dove è vissuto Giorgio La Pira. Nel cuore del convento c'è la memorabile *Annunciazione* del Beato Angelico. La Pira diceva: «Firenze è il centro del mondo, San Marco è il cuore di Firenze e il cuore di San Marco è l'*Annunciazione* del Beato Angelico. Dunque l'*Annunciazione* è il cuore del mondo».

Ancora una volta, dunque, tutto parla di quel dolce volto di donna, visitata dall'angelo che annunciava «il più bello tra i figli dell'uomo», concepito nel suo seno purissimo. D'altra parte – se non sbaglio – nel Medioevo a Firenze si faceva iniziare l'anno proprio dal 25 marzo, dall'Annunciazione.

Varco dunque il maestoso porticato – anch'esso frutto della genialità di mastro Brunelleschi – dello Spedale degli Innocenti, che è stato per secoli una delle meraviglie della

formalmente abrogato e disdetto e lo scrittore di quest'opera è fiero di riconoscersi, anche oggi, dopo quattrocent'anni di usurpazioni, suddito e soldato di Cristo Re».

[69] Irving Lavin, *Santa Maria del Fiore. Il Duomo di Firenze e la Vergine incinta*, Donzelli 1999.

carità cristiana, quella che non vuole lasciare nessuno solo e abbandonato. Poi entro nel chiostro dell'Annunziata con una tumultuosa speranza nell'anima. La Basilica è incastonata nel Loggiato dello Spedale come un diadema prezioso in una splendida corona regale. Ma quando fu costruita qui la prima chiesetta dedicata alla Santissima Annunziata, dai «Sette Santi» fondatori dell'Ordine dei Servi di Maria,[70] attorno al 1250 (curiosamente il permesso fu accordato dal vescovo di Siena), questa zona era fuori delle mura, in campagna, anzi qui c'era un bosco.

In duecento anni poi santità, carità, bellezza, miracoli – che sono tutti nomi della Regina della pace – hanno dato forma alle pietre e hanno costruito questa bella città. La Basilica è celebre per l'affresco che rappresenta l'Annunciazione, appunto: da secoli è meta di pellegrinaggi e silenzioso testimone di tante suppliche. Si dice che sia stato un angelo a compiere l'opera del pittore Bartolomeo, dipingendo il volto di Maria più somigliante a lei: «Quivi» disse Michelangelo «non è arte di pennelli, onde sia stato fatto il volto della Vergine, ma cosa divina veramente».

Il popolo cristiano da sempre venera questa santa immagine chiedendo e ottenendo davanti ad essa fiumi di grazie. E qui, dove si trovano anche la cappella di santa Caterina e quella della Madonna del soccorso, qui sono tornato io, davanti a «gli occhi da Dio diletti e venerati», come scrisse Dante, davanti a colei che «al dimandar precorre», per implorare la guarigione di Caterina.

La chiedo a colei che già «strappò» al Figlio il suo primo miracolo, a Cana, e che lo chiese e l'ottenne prim'ancora che quella povera famiglia glielo domandasse.

[70] I Sette Santi sono i padri fondatori dell'Ordine dei Servi di Maria, che decisero di abbandonare il mondo e ritirarsi a vita comune. La Santissima Annunziata è il maggior santuario mariano di Firenze e il cuore dell'ordine servita.

Il 18 settembre scrivevo sul mio blog:

I prossimi giorni per Caterina saranno quelli cruciali: la verifica neurologica ci darà qualche risposta, che potrebbe essere terribile, sull'esito del coma. Per questo prego in ginocchio la Santissima Annunziata.

Trovo nel mio diario di quei giorni un pensiero (non so di chi): «Se il Signore ti chiede una cosa difficile da realizzare, non guardare alla tua debolezza, ma alla Sua potenza». Per questo ci siamo messi alla scuola di Maria, ai suoi piedi.

Sul blog il 20 settembre ho scritto:

Cari amici,

anzitutto ancora un immenso grazie per le vostre preghiere e la vostra vicinanza. Vi abbraccio uno a uno. Ieri abbiamo appreso che anche l'ipotesi di miocardite di origine virale, come causa dell'arresto cardiaco del 12 settembre, è venuta meno dalle analisi. Quindi non c'è praticamente alcuna causa (si parla di aritmia fatale) ed è come se davvero il Nemico avesse potuto stritolarle il cuore. Per questo c'è bisogno dell'aiuto del Cielo.

Io penso sia già un miracolo della nostra buona Madre, per le nostre preghiere, che dopo un po' il cuore abbia ripreso a battere. Ma adesso, per vincere la notte del coma, permetterle di risvegliarsi e tornare sana fra noi, c'è bisogno di aiutare la Santa Vergine a completare il suo miracolo.

È stata la Madonna stessa, a Medjugorje, a spiegarci come fare:

«Voi avete dimenticato che con la preghiera e il digiuno si possono allontanare anche le guerre e sospendere le leggi naturali. Il digiuno migliore è quello a pane e acqua» (21 luglio 1982).

Ci ha insegnato come ricevere tutte le grazie con queste parole:

«Pregate! Pregate! Quando vi dico questa parola voi non la comprendete. Tutte le grazie sono a vostra disposizione, ma potete riceverle solo attraverso la preghiera» (12 agosto 1982).

E come ottenere la guarigione dei malati:

«Per la guarigione dei malati è necessaria una fede salda, una preghiera perseverante, accompagnata dall'offerta di digiuno e sacrifici. Non posso aiutare coloro che non pregano e non fanno sacrifici» (18 agosto 1982).[71]

Io abbraccio con decisione ed entusiasmo questa strada, implorando la Madonna di permettere a Caterina di tornare a cantare le sue lodi, con la sua bellissima voce e di permettere a me di raccontare in tutto il mondo le Sue meraviglie.

Se potete aiutatemi, convertiamoci! Così, chiedendo la guarigione di Caterina otterremo anche la nostra.

Grazie. Vi voglio bene.

La rassicurazione della Madonna è costante. Suor Chiara, francescana alcantarina di Assisi, mi trascrive le parole che la Madre di Dio, apparendo a Guadalupe, dice a Juan Diego, preoccupato per la malattia di una persona cara: «Non sto forse qui io, che sono tua Madre? Non stai sotto la mia ombra e la mia protezione? Non sono io la fonte della tua gioia? Non stai nel cavo del mio mantello, nella croce delle mie braccia?».

L'urgenza della nostra personale conversione, che abbiamo sentito fin dal primo minuto, da quella sera del 12 settembre, è anche il desiderio di sentirsi totalmente abbracciati dal mantello e dalle braccia della Regina del Cielo. E abbiamo bisogno anche di segni concreti. Come la consacrazione della nostra famiglia al Signore tramite Maria.

Abbiamo la sensazione di essere a un punto delicatissimo. Così il 22 settembre scrivo ancora cercando il sostegno della preghiera di tutti.

Ieri Caterina ha recuperato piena autonomia cardiaca (questi medici sono davvero bravissimi). Nei prossimi giorni si spera

[71] Nei messaggi di Medjugorje la Madonna ha continuato sempre a ripetere questo invito: «Cari figli, la preghiera opera miracoli» (25 aprile 2001); «Con la semplice preghiera si possono fare dei miracoli» (25 ottobre 2002).

che possa recuperare anche l'autonomia respiratoria, ma ogni passo sembra aver bisogno delle nostre lacrime e delle nostre suppliche (e vi ringrazio dal profondo del cuore di quello che tutti voi state facendo!!!).

Quando è tornata dalla sala operatoria, ieri sera, aveva le mani e i piedi un po' gonfi e così una guancia e un occhio. Ma non molto. Poverina, è veramente crocifissa, tante sono le ferite e le sofferenze atroci di questi giorni.

Ma resta sempre bella come il sole. Incredibilmente bella. Quella sua bella fronte, quelle belle labbra vermiglie come rose, quella sua lunga chioma scura ricciolutа...

Cosa provano una madre o un padre di fronte a una figlia distesa su un letto, immobile, nell'impotenza di svegliarla non si può dire. L'angoscia e la paura di quello che potrebbe essere non hanno limiti e bisogna subito rifugiarsi nel presente e nell'implorazione alla nostra buona Madre, che può tutto e che ci ama.

Guardare la nostra bimba così è come trovarsi davanti al tabernacolo, nell'adorazione eucaristica, ma anziché nel pane e nel vino è in un volto, il volto della figlia che ami, che il Signore ti sta di fronte...

Da oggi cominciamo a farle sentire la musica, quella musica che lei tanto ama. Tutto può accadere: che si risvegli e torni fra noi, sana e bella come prima, o che... non oso dirlo.

Non so veramente perché tutto questo stia accadendo. Vedo attorno a me che Dio sta compiendo cose immense: persone che intenerite dalla vicenda di Caterina addirittura ritornano a Dio, ricominciano a pregare e perfino a digiunare, altre che offrono le loro sofferenze...

Signore, se la sofferenza di Caterina e la nostra che ti offriamo, abbracciate dalla Tua, ti servono a guarire tante vite, ti lodiamo, commossi e stupiti. E ti imploriamo, ti supplichiamo: consenti ora alla Tua e nostra Madre di guarire Caterina.

Non potete immaginare quanto ci ha commosso scoprire un altro piccolo dettaglio della vita di Caterina, qui a Firenze, con gli amici con cui vive questa bellissima esperienza cristiana.

Vi ho già detto che per lei il coro degli universitari di Comunione e Liberazione (il coro Foné) è una cosa importantissima perché cantare è qualcosa di vitale per lei, è il modo con cui esprime ciò che sente nella profondità della sua anima.

Ebbene, nel concerto di Natale alla Santissima Annunziata, Caterina eseguì come voce solista un canto spagnolo che credo sia dedicato alla Regina del Cielo intitolato *Ojos de cielo*.

Una sua amica ci ha dato la traduzione di quelle parole e ancora una volta i nostri occhi si sono riempiti di lacrime. C'è come il presagio di quello che sarebbe accaduto e il grido di Caterina che sia Lei, la nostra amata Maria, a risvegliarla e riportarla alla vita. Ecco quelle parole tradotte:

Se guardo il fondo dei tuoi occhi teneri
mi si cancella il mondo con tutto il suo inferno.
Mi si cancella il mondo e scopro il cielo
quando mi tuffo nei tuoi occhi teneri.
Occhi di cielo, occhi di cielo,
non abbandonarmi in pieno volo.
Occhi di cielo, occhi di cielo,
tutta la mia vita per questo sogno...
Se io mi dimenticassi di ciò che è vero
se io mi allontanassi da ciò che è sincero
i tuoi occhi di cielo me lo ricorderebbero,
se io mi allontanassi dal vero.
Occhi di cielo...
Se il sole che mi illumina un giorno si spegnesse
e una notte buia vincesse sulla mia vita,
i tuoi occhi di cielo mi illuminerebbero,
i tuoi occhi sinceri, che sono per me cammino e guida.
Occhi di cielo...

Come si fa a non piangere?!!!... Oh Madre mia, permettile di tornare a cantare per Te!!!

La Madre subito risponde...

Poteva la dolce Maria di Nazaret tardare a risponderci e a farci sentire la sua carezza? Lei che, pur essendo appena diventata Madre di Dio, corse dalla cugina Elisabetta incinta per servirla, lei che a Cana si accorse prima di chiunque altro che una famiglia era in difficoltà...

Lei, dolce e silenziosa, madre sempre fedele, lei prontissima per le necessità di tutti, non poteva tardare. Sapevamo che presto ci avrebbe fatto sentire il suo aiuto. Ma non potevo immaginare che addirittura sarebbe venuta «di persona», in un modo del tutto speciale, all'ospedale di Careggi...

Sto dicendo sul serio. Perché proprio questo è avvenuto. Le cose sono andate così. Ormai da giorni, come si è visto, la imploravamo. Il 23 settembre, festa di san Pio da Pietrelcina, mi sono alzato chiedendo insistentemente a lui che ci facesse un bel regalo per Caterina.

Alle 9 circa del mattino mi arriva una telefonata sorprendente: è Marija Pavlovic, una delle sei veggenti di Medjugorje.[72] Marija è una nostra carissima amica, sapevo che seguiva con trepidazione la nostra vicenda, mi aveva scritto alcuni sms per assicurarmi la sua preghiera, ma quella mattina ci fece veramente felici.

[72] Vedi Antonio Socci, *Mistero Medjugorje*, cit.

Lei vive con la sua famiglia nel Nord Italia, ma quel giorno – ci disse – voleva approfittare di un viaggio di lavoro di suo marito in Toscana per venire a trovare noi e Caterina. Contava di arrivare nel pomeriggio così avrebbe avuto la sua apparizione quotidiana – ogni dì alle 17,45 – proprio lì, in terapia intensiva, accanto a nostra figlia.

Inutile dire che eravamo entusiasti. Mai avremmo potuto immaginare così tanto. Quel pomeriggio aspettammo con gli amici di Caterina, partecipando come ogni giorno alla messa di padre Walter nella cappellina dell'ospedale e, all'arrivo di Marija restammo tutti lì a recitare il rosario. Solo Alessandra entrò nella stanzetta di Caterina con Marija. Quello che accadde l'ho raccontato a tutti nel blog il 24 settembre.

Marija è arrivata, abbiamo partecipato alla messa e poi è andata da mia figlia con mia moglie, mentre noi, con gli amici di Cate, recitavamo il rosario fuori. La Madonna è venuta, stava in cima al letto, dietro la testa di Caterina. L'ha benedetta e ha benedetto Alessandra e Marija che ha chiesto il miracolo della guarigione per Caterina.

La Madonna ha ascoltato e ha iniziato a pregare. Ci ha fatto capire col suo gesto che bisogna affidarsi totalmente a Lei e pregare ancora. E noi instancabilmente continuiamo...

Ce l'hanno insegnato i santi. San Francesco di Paola ha detto: «È cosa certa quel che vi dico: tutto ciò che chiedete nella preghiera abbiate certezza che è già vostro perché così dovrà avvenire per volere della Madonna».

E alla mistica Maria Valtorta – che fra l'altro è sepolta proprio alla Santissima Annunziata, a Firenze – è stato detto: «Io vi dico: abbiate una fede sconfinata nel Signore. Continuate ad averla nonostante ogni insinuazione e ogni evento, e vedrete grandi cose quando il vostro cuore non avrà più motivo di sperare di vederle...».

Penso che in questi giorni ci stia facendo capire molte cose preziose. Anzitutto che la vera malattia è quella di noi sani quando siamo lontani da Dio. Gesù ha bisogno che qualcuno lo aiuti a portare su di sé il male degli uomini. Per sanarli.

Noi cristiani che siamo parte del Suo Corpo, offrendoGli le nostre sofferenze e le nostre vite lo aiutiamo in questo. Io sono pieno di stupore e commozione per le tante persone che mi hanno scritto che offrono le sofferenze delle loro diverse prove e malattie... È stupore e commozione per l'abbraccio del popolo cristiano...

Una mail che ho ricevuto dice:

Caterina senza fare nulla muove il mondo. Tutto quello che ci comunichi è un grande miracolo che accade davanti ai nostri occhi. Gesù è qui ora e possiamo vedere la Sua Gloria attraverso la fede del suo popolo. Caterina è i nostri figli e tu e Alessandra siete noi. Continuiamo a pregare Maria perché Gesù guarisca la vostra e nostra Caterina. Un grande abbraccio.

Penso anche io che attraverso la sofferenza muta di Caterina, che commuove tanti cuori, la Regina del Cielo stia guarendo molte persone e sono certo che, con l'aiuto delle nostre preghiere e dei nostri digiuni, stia facendo grandi cose. Guarirà anche Caterina, facendola svegliare dal coma e facendola tornare a cantare la bellezza di Dio.

Fra le migliaia di mail che mi arrivano e a cui tento di rispondere come posso, ne trascrivo una, di una mamma, che dice tutte queste cose:

Cara famiglia che stai soffrendo in un modo tanto simile alla mia, nelle due settimane di coma profondo della mia piccola bimba, una città intera ha pregato per lei. Amici e conoscenti, miscredenti e persone lontane da Dio si sono inginocchiate nelle tante veglie notturne organizzate per la mia piccina. Hanno strappato a Dio una promessa che ora si sta compiendo.

Noi, in sala rianimazione, abbiamo sollecitato continuamente la nostra bimba pregando su di lei a voce alta, cantando i canti della messa domenicale che lei, anche se piccolissima, aveva sentito, facendole ascoltare tanto Mozart.

Un cervello che dorme va risvegliato! Le ho raccontato tutto quello che avevamo fatto insieme e le ho descritto tutte le cose belle che avremmo fatto ancora e tutte le meraviglie del creato che avrebbero visto i suoi occhi una volta guarita.

Si è svegliata. A dispetto delle sue condizioni definite gravissime. Il Signore ci ascolta. Anche Caterina vi sta sentendo, come la mia piccolina. Anche la miocardiopatia dilatativa gravissima, di origine non virale e ancora oggi inspiegabile, si è risolta e il cuoricino di mia figlia batte senza bisogno di aiuto.

Coraggio, non pensate al domani, vivete giorno per giorno la vostra battaglia e il Signore vi darà forza e pace proprio come a noi.

Continuiamo a pregare per Caterina.

Sapevamo che dopo la visita della Regina del Cielo qualcosa sarebbe accaduto. Non sapevamo cosa o come, ma ci aspettavamo qualcosa. Il giorno dopo, il 24 settembre, che solo più tardi scopro essere dedicato a Santa Maria della Mercede, mediatrice di tutte le grazie, la Madonna ci fa il regalo che per mesi ci ha salvati dalla disperazione: il ricordo di quella sera, per mesi, ci ha permesso di sperare di ritrovare la nostra Caterina.

Doveva essere il giorno della sua laurea.

Dal mio blog del 26 settembre.

Sono stato incerto se riferire questa cosa, ma penso possa essere utile per chiedere a tutti voi, amici miei, un aiuto particolare. Nel tardo pomeriggio del 24 settembre qualcosa è accaduto. E qualcosa di importante. Vi racconto istante per istante.

Io e Alessandra eravamo stati alla messa che si celebra ogni giorno alle 17 nella cappellina sottostante il reparto di Caterina, dove avevamo pregato con una certa angoscia nel cuore. La messa era iniziata con questa antifona d'ingresso: «Io sono la salvezza del popolo – dice il Signore – in qualunque prova mi invocheranno, li esaudirò e sarò il loro Signore per sempre».

Quando siamo entrati nella sua cameretta abbiamo cominciato a carezzarla e a parlarle dei suoi amici e di noi e di lei e il suo respiro si è fatto sempre più intenso, il cuore ha cominciato a galoppare, gli occhi non sembravano persi nel vuoto come qualche ora prima, lei appariva molto emozionata.

Le macchine stesse che monitorano il battito, la pressione sanguigna e il respiro hanno cominciato a suonare e ci siamo resi conto, con l'infermiere, che Caterina aveva riconosciuto le voci della mamma e del babbo e che capiva quello che le stavamo dicendo.

Così – ricordando che il passo fondamentale per l'uscita dal coma si ha quando il malato esegue un gesto richiesto – abbiamo cominciato a chiederle di stringere la mano di sua mamma che le teneva la destra. Abbiamo assistito a un enorme sforzo di concentrazione da parte di Caterina, che è diventata rossa in volto, e con un'ulteriore intensificazione del battito cardiaco e del respiro, facendo enorme fatica ha infine eseguito quello che le avevamo richiesto.

Commossi, abbiamo esultato tantissimo, poi le abbiamo detto che era stata bravissima e di calmarsi e di lasciare e così lei ha fatto. Dopo mezzo minuto circa abbiamo riprovato – per verificare – e Caterina ha di nuovo ripetuto tutto. E lo ha fatto anche con l'altra mano, la sinistra, che tenevo io.

La stessa cosa è accaduta un'ora dopo con Stefano e Maria e anche loro hanno notato dall'espressione dei suoi occhi che veramente Caterina c'era, che era presente e si sforzava con grande fatica di comunicarci che ci riconosceva e ci stava capendo. Addirittura commovente è stato il momento in cui è entrata una sua amica del coro che ha cominciato a cantarle una loro canzone, *Give me Jesus*, e ogni volta che cominciava a cantare Caterina si emozionava tanto che le macchine di misurazione cominciavano a suonare.

Abbiamo poi saputo dai medici che tutto questo si chiama

«stato di minima coscienza», una conquista molto importante, ma che – per essere decisiva – dovrebbe stabilizzarsi e diventare ripetibile così da segnare l'uscita dal coma.

Per noi è un segno emozionante che la nostra bambina c'è, è presente e vuol riemergere. Allora vi chiediamo – con le mani giunte – se potete e volete, di pregare particolarmente con questa intenzione: che la Santa Vergine non lasci che sprofondi di nuovo, ma faccia sì che torni prestissimo a riemergere quella coscienza e l'aiuti a stabilizzarsi almeno in quel livello, dal quale poi possiamo aiutarla con la riabilitazione a recuperare.

Non importa il tempo che ci vorrà, con tutto l'amore l'aiuteremo. Ma questo passo è fondamentale. Noi continuiamo a chiedere al Signore il miracolo del risveglio e della guarigione completa subito, ma se quello che Lui vuole da noi è un lungo e paziente cammino di riabilitazione e un lungo abbraccio d'amore per arrivare alla guarigione completa, va bene. Però è necessario non fare passi indietro. Perciò abbiamo bisogno ancora una volta, come mendicanti (e ce ne scusiamo), del vostro aiuto, certi che le vostre e nostre preghiere, i vostri e nostri sacrifici, già stanno aiutando Caterina.

In particolare voglio trascrivere qui una segnalazione di Roberto Zandomeneghi che mi ha mandato alcuni brani sull'efficacia della preghiera di don Didimo Mantiero che don Giussani ci ha fatto conoscere. Eccoli qua:

«Dio nella sua infinita perfezione ha quasi una debolezza: non sa resistere a chi fortemente prega».

«Quando pregate, vi scongiuro, fatelo con fede vivissima (...) non importa che non vediamo i frutti della nostra preghiera, Dio è con noi e ci esaudirà.»

«Il tutto fate con la più grande confidenza, come se aveste già ottenuto ciò che domandate (...) non resterete ingannati, ve lo assicuro (...) anche quando ci sembra di non essere esauditi, è allora che Dio ci sta preparando i più grandi favori.»

Citando San Giovanni: «Dinanzi a Lui è questa la sicurezza che noi abbiamo: qualunque cosa gli chiediamo conforme alla volontà Sua egli ci esaudisce. E se sappiamo che ci concede qualunque cosa gli domandiamo, sappiamo di avere già da lui quanto abbiamo richiesto.»

E inoltre:

«Gesù ci insegna a pregare fino a diventare seccatori. Come il richiesto finisce con il cedere (...) così Dio finisce per esaudire. (...) Dio cui parlate è lì e Vi ascolta. DiteGli tante cose. (...) Non dubitate mai; una volta pregato, già ottenuto. Era così che i santi facevano miracoli».

«La preghiera che scaturisce dalla fede incrollabile è la forza più grande a disposizione dell'uomo per cambiare il mondo.»[73]

Forza, amici miei!!!

Le tante testimonianze che mi mandate dimostrano che quelle parole di don Didimo, che poi sono identiche a quelle pronunciate dalla Madonna a Medjugorje e da tanti santi, sono vere.

Me lo conferma per esempio questa struggente testimonianza di una madre con cui ci identifichiamo totalmente:

Caro Antonio,

oggi ho letto «Libero» e subito mi sono letteralmente inginocchiata: ho detto un rosario per Caterina e ho aspettato pregando che si facessero le 15 per recitare la coroncina della Divina Misericordia per lei, nell'ora in cui la Divina Misericordia ama di più essere contemplata.

Credo fermamente che non sia «magia», ma richiesta di miracolo e compassione al nostro Dio misericordioso e alla nostra Madre, che è Consolatrice degli afflitti e Speranza di chi dispera. Anche io ho tre figli dell'età della tua e nel 1999 ho avuto in fin di vita la mia piccola, ora ventenne. Finita in rianimazione intubata per le conseguenze di una brutta influenza.

Quando ha avuto un arresto cardiaco e un blocco renale e i dottori hanno comunicato a me e a mio marito che non c'era speranza,

[73] Da *La «Dieci» di don Didimo Mantiero*, a cura di Ludmila Grygiel, San Paolo 1995, pp. 52-56.

mi sono strappata letteralmente i capelli dalla testa dal dolore, poi ho cominciato a pregare e con me tutti quelli che ci conoscevano, sino in America... I suoi compagni di 5ª elementare entravano in chiesa e poi in classe!

Le ho fatto dare l'unzione del malato e ho iniziato a rendermi conto che forse il Signore la rivoleva davvero con sé. Credo di essere diventata «adulta» nel momento in cui mi sono arresa e affidata totalmente a Lui e a Maria, riuscendo a dire «Sia fatta la Tua volontà». L'ho detto non perché sono pazza, ma per Grazia, come se le cose vere che nella vita mi erano state dette fossero ritornate a galla nel mio cuore.

Non è magia: dall'estrema unzione in poi la mia bimba ha ripreso piano piano a vivere. È guarita, per miracolo non ha riportato danni cerebrali nonostante la mancanza di ossigeno (pensa che ancora porta le cicatrici sulla carne nei punti in cui i tessuti stavano andando in necrosi – stava veramente morendo).

Ora frequenta l'università e spesso, quando la guardo, penso alla nostra pochezza e a quanto siamo «dimentichi» della Misericordia nelle nostre giornate. Continuerò a pregare in ginocchio Maria e Gesù per Caterina e per te e tua moglie. Vicina nella fede.

Ed ecco un'altra bellissima testimonianza, di un'altra mamma:

Carissimo Antonio,

purtroppo ho saputo solo oggi, da Radio Maria, di Caterina. Ho provato tanta compassione e dolore. Ho pensato a quando, due anni fa, io e mio marito eravamo nella stessa situazione.

Nostro figlio, allora di diciotto anni, era ricoverato in rianimazione, dopo un terribile schianto con lo scooter. Era in coma, con il dente dell'epistrofeo rotto (fa parte della prima vertebra, quella che noi persone comuni chiamiamo «l'osso del collo»), un trauma cranico frontale, la mandibola divisa in due, una gamba rotta, oltre a tanti altri traumi in tutto il corpo.

Per lui non c'erano speranze: era praticamente morto, ma se fosse sopravvissuto per lui ci sarebbe stata una paralisi totale e il respiratore. Quella notte è stata l'inferno, ma grazie al Signore, la fede ha immediatamente illuminato la disperazione. Ho affidato al Padre, per mezzo della Madonna, suo figlio.

Gli ho detto che è una sua creatura, che Lui ha dato a noi per crescerlo e curarlo. L'ho ringraziato per aver avuto in dono questo Suo figlio. Gli ho detto che per me, prima di tutto, veniva la Sua volontà: se il Padre avesse voluto portarlo in Cielo, chiedevo per noi il dono della Fede, per poter continuare a vivere e per crescere l'altra nostra bambina.

C'è stata una enorme catena di preghiera che ha avvolto tutto il mondo, quasi come sta avvenendo per Caterina. In parrocchia la comunità si è riunita in veglie di preghiera, che a noi hanno dato grande sostegno e speranza. Gli amici stazionavano fuori dalla Rianimazione giorno e notte: a noi il compito di trasmettere loro la fiducia nel Padre che ci ama e ci salva.

Eravamo sempre sorridenti e fiduciosi nella disperazione: grazie a Dio abbiamo vissuto questa grazia enorme. Ci siamo sentiti amati, accolti e curati da tanti Buoni Samaritani! Io sentivo Maria e Gesù sempre di fianco a me, come non mai: la loro Presenza è stata fonte di gioia nel buio di quelle giornate.

Ai medici disperati io rispondevo con una totale fiducia nel loro lavoro, li incoraggiavo dicendo che stavo pregando per loro, per le loro mani, perché il Signore li guidasse nel far rivivere nostro figlio.

Non voglio dilungarmi: potrei stare qui ore a parlare!

Nostro figlio è stato operato, mentre di nuovo la nostra comunità si è riunita davanti al Santissimo; il neurochirurgo gli ha messo una vite di alcuni centimetri nel collo, il maxillofacciale gli ha sistemato la mandibola, il cervello appare alle lastre con tutti i danni subiti... ma LUI È PERFETTAMENTE GUARITO*!!! Dopo soli due mesi dall'incidente è stato dimesso anche dalla Riabilitazione intensiva, dove invece pensavano che avrebbe trascorso un periodo lunghissimo.*

È perfettamente normale in tutto e per tutto, e bellissimo come prima!!!!!

Mentre era ancora in coma, avevo mandato a Marija tramite una conoscente che stava venendo a Firenze per un incontro con lei, una sua foto, che è stata benedetta dalla Madonna durante l'apparizio-

ne, insieme alla foto della ragazza che era nella sua stanza, in coma stazionario, per cui non c'erano speranze di ripresa essendo ormai così da oltre due mesi. I genitori della ragazza avevano perso le speranze e la fede... Ebbene, il mattino presto, dopo l'apparizione, mentre ero lì a vegliare, la ragazza si è svegliata e mi ha parlato!!!! Ora anche lei sta bene!

Antonio, non so perché ho sentito subito di doverti scrivere, così, di getto, senza pensarci troppo... forse perché ho provato il dolore indescrivibile tuo e di tua moglie, ho provato cosa significa dire «Signore, eccomi, prendi me!». Forse perché desidero trasmettervi quanto è stata importante per me la certezza dell'amore del Signore, sempre.

Prego anche io per Caterina ogni momento, perché il Signore, Dio della vita, sia glorificato per tutto ciò che compie. Con tanto affetto e commozione.

Ringrazio dal profondo dell'anima chi mi manda queste testimonianze così confortanti e tutti voi per quello che avete fatto e per quello che vorrete e potrete fare per aiutarmi a ottenere dalla Madonna la grazia per Caterina. Certi che Lei, *Salus infirmorum*, che ha fatto accadere quel segno il giorno dopo la Sua visita, alla stessa ora, ascolta, protegge e soccorre i suoi figli![74]

[74] Quello stesso 24 settembre, tra le centinaia di mail di quei giorni, tutte piene di preghiera e offerta per Caterina, avevo ricevuto questa: «Offro il mio dolore per la perdita di mio marito e le mie preghiere per il risveglio di Caterina. Dio ci ascolterà». La riporto per la coincidenza con la grazia di quel giorno e perché diverse altre persone hanno offerto un dolore così grande.

Dentro al mistero di una figlia

«Povera voce di un uomo che non c'è
La nostra voce se non ha più un perché
Deve gridare, deve implorare
Che il respiro della vita non abbia fine...
Poi deve cantare perché la vita c'è...»

Canto della tradizione ciellina

A questo punto forse dovrei dirvi qualcosa di più della nostra fanciulla.

Sono un po' in difficoltà anzitutto per il proverbiale pudore e la riservatezza di Caterina: non vorrei essere «incenerito» da un suo sguardo di rimprovero quando potrà leggere questo libro (perché, ne sono certo, questo accadrà).

In secondo luogo perché un figlio – e ancor più una figlia – per un padre, è sempre un mistero. Infine perché negli ultimi cinque anni lei è vissuta sostanzialmente a Firenze e i suoi soggiorni a casa erano abbastanza rari e brevi. E per una ragazza il periodo dai diciannove anni ai ventiquattro è cruciale: diventa una donna, sia pure giovane.

Io la ricordo bambina. È rimasto memorabile in famiglia un episodio avvenuto davanti a uno dei tramonti della mia terra, mentre ci stavamo godendo quegli splendidi colori dal crinale di una collina che guarda verso il castello di Monteriggioni. Lei, che era piccolissima e sapeva appena parlare, se ne uscì lieve con una domanda che ci lasciò esterrefatti: «Ma chi ha fatto tutto questo?».

Come ho già detto era molto dolce, assai giudiziosa, affidabilissima. In estate passava le giornate a giocare con la sorella e la cuginetta. Non ricordo che abbia mai fatto una sola bizza o abbia «preteso» qualcosa.

Cominciò da bambina a prendere lezioni di pianoforte e da lì in poi la sua passione per la musica e il canto è diventata dominante, anche grazie a una splendida voce.

Dall'adolescenza per me è diventata più enigmatica, più chiusa e un po' scontrosa. Probabilmente per l'età, poi anche per la mia mancanza di tatto, infine ci somigliamo in quel temperamento («tosto», come dicono gli amici) che rende spigoloso o elettrico il dialogo. Pur volendoci un mare di bene e stimandoci immensamente.

Conosco la sua fede certa, il suo attaccamento al Movimento (e il suo simpatico orgoglio per il nome che porta, dettato dalla grande ammirazione verso la sua santa protettrice, nostra conterranea). So che quel 12 settembre sul comodino aveva il mio libro su Gesù, che stava leggendo: ricordo con commozione quanto ha insistito, l'estate del 2009, perché accettassi di andare a parlarne ai suoi amici universitari, che si trovavano in montagna per la vacanza del CLU.

Mi faceva una tale tenerezza, quella sera, vederla in un angolo, attentissima, senza perdersi neanche una mia sillaba. Ho sempre avuto totale fiducia in lei, quindi non le sono mai stato – in questi cinque anni – col fiato sul collo.

Mi sono reso conto però, in questi giorni di passione, che ci telefonavamo pochissimo. E oggi provo un acuto senso di colpa. Temo che non ci abbia sentiti abbastanza vicini. In realtà non volevamo essere genitori troppo assillanti (anche per gli esami) e probabilmente abbiamo finito con l'esserci troppo poco. E forse lei ne ha sofferto. Come del resto ne ho sofferto io. Sono malintesi che capitano, fra padri e figli...

Proprio in queste settimane ho avuto modo di scoprire, a Firenze, con i suoi amici e le sue amiche, tanti aspetti e particolari di lei e della sua vita che mi erano completamente sconosciuti e che mi hanno avvicinato un po' al suo mistero.

Mi ha divertito e commosso la descrizione che ce ne hanno fatta Stefano (detto Steno), il suo ragazzo, e Giulia, da anni la sua compagna di camera (perché Caterina viveva in un appartamento del centro storico di Firenze con altre sette studentesse di Architettura, tutte di CL). Ecco qualche flash del loro racconto, tenero, ironico e profondo, inframmezzato da mie osservazioni. Mi ha permesso di «ritrovare» questi cinque anni «perduti» attraverso gli occhi di coloro che le erano accanto. Sono risposte a quattro mani:

L'arrivo a Firenze (cinque anni fa) e l'inizio dell'università per Caterina sono stati un momento faticoso e confuso, ma pieno di entusiasmo e aspettative. Era sempre piena di energie, entusiasta all'idea di abitare con tante altre ragazze e di iniziare finalmente l'università. In genere, Cate ama gli inizi. Ma è anche insofferente e sempre inquieta...

È combattiva, testarda come un mulo e non sopporta le ingiustizie, neanche quelle piccole... le sente fisicamente pesare su di sé. Cate è sanguigna e sempre sulle spine. È concreta, sensibile e tanto sincera da essere spietata. È fragile ed emotiva, ha molta difficoltà a trattenersi, dice sempre quello che pensa in maniera brutale.

Spesso piange, per rabbia, fatica, tristezza, commozione, e allo stesso modo spesso esplode con la sua risata piena e contagiosa, per qualche motivo stupido che solo lei conosce... racconta di immaginarsi scene inverosimili e ride anche da sola per pomeriggi interi!

Ha un temperamento forte, inquieto, non riesce a concentrarsi su una cosa sola alla volta e spesso svolge più attività contemporaneamente.

Ha un buon senso dell'umorismo, ride volentieri anche per cose semplici, ma disprezza l'idiozia e tutto ciò che è banale. Non disdegna di dare o ricevere un abbraccio spontaneo, ma odia in assoluto le persone appiccicose o il contatto fisico eccessivo.

Ama la lettura, l'arte, il cinema, la musica e il canto... le belle storie e i personaggi particolari.

Ama cucinare per i suoi amici (dice spesso che, se dovesse fallire come architetto, vorrebbe aprire un agriturismo), ma è sempre molto attenta a quello che mangia (odia il cibo pesante e calorico, tutto ciò che è fritto e unto).

È profondamente critica con se stessa e non si perdona nulla, dal rendimento nello studio all'aspetto fisico e questo temperamento la rende spesso malinconica, tormentata... talvolta addirittura furiosa.

È una «accumulatrice disordinata», non butta mai nulla e conserva, nel caos totale, anche le cose più insignificanti: si affeziona agli oggetti e non riesce a separarsene (una volta ha pianto nel buttare un paio di scarpe bucate). Per scaricare tensione e inquietudine fa lunghe camminate...

È divertente, ama guidare, ed è un'ottima compagna di avventure: spesso lancia proposte di viaggi, gite, concerti...puntualmente cadono nel vuoto perché lo studio non lascia molto tempo libero, ma non si stanca mai di riproporne!

È molto disponibile con gli amici e raramente dice di no. Ama la compagnia ma ha spesso bisogno di isolarsi per scrivere, piangere, pensare, leggere, ascoltare musica. È estremamente pudica e riservata anche con le compagne di casa, che vivono con lei da anni.

Ha delle paure buffe, frutto della fantasia di quando era bambina, in particolare ha paura che nel buio una strega si nasconda sotto al letto e le afferri le caviglie... quindi ogni tanto per infilarsi nel letto fa un salto da una distanza tale da non essere «a portata di strega».

Un discorso a parte merita il suo abbigliamento che mi fa disperare... Non capisco perché si vesta così. Ma certo è originale... Che spiegazione danno Stefano e Giulia?

Cate ha uno stile tutto suo... inconfondibile! Non ama, su di sé, abiti femminili e cose eleganti (riservati solo ad occasioni molto speciali). Preferisce cose grandi, talvolta da uomo.

Adora i colori vivaci (rosso, giallo, blu) che accosta tra loro senza troppa preoccupazione, le maglie e i calzini a righe orizzontali coloratissime. Indossa indumenti di taglio e fantasie anni Sessanta, Settanta, vintage. Ama borse di pelle grandi e sciarpe e foulard di ogni colore, fantasia e tessuto.

Porta quasi sempre scarpe da ginnastica di tela colorata, tipo Converse. Solo in occasioni particolari mette i tacchi alti (con grande sofferenza!) e non indossa mai ciabatte.

In inverno ama «infagottarsi» a strati: porta sempre pantaloni molto larghi, maglie abbondanti sopra un numero indefinito di canotte e magliette a maniche corte e lunghe, rigorosamente in cotone e coloratissime. In estate invece indossa spesso top elasticizzati senza spalline e pantaloni larghi, leggeri, di lino o cotone.

Ci sono giorni in cui esce indossando tutti i colori e le fantasie possibili e da anni la prendiamo in giro per questo, chiamandola «Sbirulino». Nonostante l'apparenza (fin troppo casual), Cate studia con grande attenzione il suo abbigliamento: si cambia almeno tre volte prima di uscire di casa e prova e riprova continuamente i vestiti cercando abbinamenti giusti.

Per le occasioni speciali, predilige toni scuri, nero o grigio, con dettagli e accessori di colori vivaci (spesso rosso). Acquista indumenti particolari e femminili ma non li indossa mai. Cate ama tutte le sfumature del rosso. Ama molto anche il giallo, l'arancione, il viola, il blu e in genere tutte le tinte accese. Si diverte spesso, nel vestire, ad accostare tutti questi colori insieme.

Un altro dettaglio curioso sono le sue foto: fa sempre boccacce...

Cate si diverte a farsi fotografare facendo facce strane o in situazioni buffe e ama a sua volta fare foto. Le più care sono quelle con gli amici che tiene attaccate vicino al tavolo o al letto, oppure salvate nel computer. È appassionata da tempo di Doisneau, geniale fotografo francese, autore di ironiche e suggestive immagini in bianco e nero.

Cosa legge di solito?

Cate ama i romanzi, potrebbe leggere per nottate intere! È particolarmente legata a Dostoevskij e cita spesso certi personaggi femminili della letteratura come Madame Bovary o le protagoniste di *Orgoglio e pregiudizio*, *Piccole donne* e simili, legate alla narrativa per adolescenti.

Detesta Harry Potter e in genere trame con personaggi oscuri e ambigui. Nell'ultimo periodo, in vena di avventure, diceva di volersi dedicare a Jack London e ha comprato *Il richiamo della foresta*. Ha letto di recente *Nelle terre estreme* di Jon Krakauer, da cui è tratto il film *Into the Wild*, che Cate adora. Legge sempre scritti di don Giussani ed è affascinata dalla vita di alcuni santi, su tutti ovviamente santa Caterina.

Acquista ogni tanto una rivista di cucina creativa, di cui conserva gelosamente tutti i numeri, e si diverte a sfogliare, senza troppo impegno, riviste di moda («Glamour» e «Cosmopolitan») talvolta conservando le immagini di alcuni abiti o accessori.

Per motivi di studio, si dedica a vari testi universitari e alla consultazione di riviste di architettura, con una predilezione particolare per le soluzioni di arredo d'interno.

È molto affezionata a un libro di Giovanni Michelucci, architetto stimatissimo da Cate, dal titolo *Dove si incontrano gli angeli*. Si tratta di una raccolta di brevi pensieri, più che di poesie, e Cate lo legge spesso.

È vero. Me lo ha regalato. Quel giorno capii che teneva tanto a quel libro: sapeva che io avevo conosciuto e intervistato Michelucci e lo ritenevo un grande. Ma Caterina si vedeva come architetto? Pensava molto al dopo laurea?

Era sulle spine più che mai, negli ultimi tempi. Sembrava così proiettata verso il futuro che ha «scavalcato emotivamente» la tesi e gli ultimi esami. Fondamentale per lei era concludere.

Lo si capisce da come, sulla sua agenda, ha segnato la laurea al 24 settembre... Torniamo agli aspetti leggeri e simpatici della sua vita. Come si diverte Caterina? Come giocate in casa?

Ogni tanto racconta che da piccina giocava con sua sorella «a Terry e Meggie», due sorelle protagoniste di un cartone animato che fanno magie e possono teletrasportarsi incrociando i mignoli.

Ultimamente in casa ha giocato spesso a SingStar: si tratta di un gioco della PlayStation, tipo karaoke, basato su diverse modalità di sfide canore. Abbiamo passato serate a ridere come matte e Cate si scatena sempre con questo gioco... visto che è l'unica di casa che sa cantare!!!

Altro gioco che è capitato spesso di fare è il Pictionary, che consiste nel fare indovinare una parola alla propria squadra solo attraverso il disegno, senza parlare. È il gioco che facciamo sempre nelle serate insieme ai nostri amici, non è niente di straordinario e non è in assoluto il preferito di Cate, ma è il gioco «storico» associato a momenti di festa.

Quando è a casa, nei momenti in cui sembra di malumore difficilmente spiega perché. Con voi è più aperta?

Cate è molto rumorosa nel muoversi, quando è preoccupata o nervosa lo è oltremodo e si intuisce immediatamente che qualcosa non va. Nei momenti di agitazione piange tanto, si lamenta nel sonno e da questo noi capiamo di starle alla larga. Quando è di buonumore canta a voce alta per tutta la casa e spesso ride da sola.

Cose che detesta e che ama?

Ama l'odore del pane, del caffè e dei dolci nel forno. Detesta la pioggia perché mette tristezza, anzi «uggia». E ama le sere d'estate... Cammina ore e ore, sola o in compagnia, e queste sono le preziosissime occasioni in cui parla sinceramente e volentieri di sé. A Cate piace stare all'aperto, ha bisogno fisico di un'ora d'aria. In campagna o a Firenze... Detesta gli spazi piccoli e affollati. Ha paura del buio quindi tiene sempre le luci accese. Ama gli ambienti luminosi ed è ossessionata dall'odore di chiuso: in casa spalanca le finestre di continuo e le tiene aperte per ore.

È ancora mattiniera?

Si sveglia molto presto, sempre. Se non si alza presto c'è qualcosa che non va. Dice di essersi sempre alzata molto presto, anche da piccina.

Infatti noi, da piccola, la chiamavamo «la sveglina»...

Per lei il mattino è il momento privilegiato dell'intera giornata: si alza, beve una caffettiera intera di caffè (sempre nella stessa tazza) e guarda i cartoni animati. Approfitta del fatto che tutte dormono ancora per fare le sue cose. Ama questo momento di solitudine apparente e talvolta la mattina esce e cammina per venti minuti per raggiungere una chiesa in cui partecipa alla preghiera delle lodi mattutine, con alcuni amici.

Di cosa fantastica con voi nei momenti di serenità?

Cate non ha avuto molto tempo per viaggiare negli ultimi anni, però da quando ha visto il film *Into the wild*, continua a dire che un giorno farà come il protagonista, partirà per le terre del nord e non sapremo più niente di lei... come dicevamo, ha appena letto *Il richiamo della foresta*... Vuole documentarsi!

Forse bisogna informarla che quel libro è di qualche annetto fa e ha informazioni «turistiche» datate...

Ultimamente diceva spesso di voler andare in America, forse negli Stati Uniti, per un po'... ogni tanto a Cate capitano questi momenti... dice che vorrebbe partire, andare via... quando proprio non ce la fa più sbraita: «Basta me ne vado!!!! Mi compro un faro su un'isola deserta e vado ad abitarci da sola!!!!!».

Per ora ha comprato solo il poster del faro (sul mare in tempesta)... Ma nel suo computer c'è una cartella con decine di foto di fari...

Parla spesso del faro, da sempre.

Penso che il vostro viaggio a Barcellona, per vedere la Sagrada Familia di Gaudí, sia stato molto importante per lei. È così?

Sì. Lei a quel tempo era matricola. Da quel viaggio in cui ha scoperto Gaudí, innamorandosene all'istante, ha iniziato davvero ad appassionarsi all'architettura tutta.

Si è comprata subito volumoni di Gaudí...

Ricordiamo spesso quel viaggio per le quindici ore di pullman e l'ostello terrificante, per un incidente avvenuto a un passo da noi e per Federico addormentato dentro un gioco pieno di palline per bambini del McDonald.

Siamo tornati a casa con un totale di quattro euro in tre, che abbiamo investito in un panino all'autogrill farcito con salame fosforescente... Cate dice che se ha mangiato quel panino, nella vita potrà mangiare di tutto!!

E la cucina catalana?

A Barcellona siamo ritornati più volte in un ottimo ristorante locale. Cate, entusiasta del menu, ne ha più volte riproposto alcune ricette, durante le cene a Firenze tra amici.

In particolare è rimasta colpita da un'insalata di rucola, salmone affumicato e caprino, e da una crêpe salata con tonno, peperoni e pomodoro (che però non siamo riuscite a ripetere perché mancava un ingrediente che non abbiamo mai individuato).

Dall'arte culinaria, all'arte tout court. A parte Gaudí, cosa l'appassiona?

Cate ama la storia dell'arte in generale, con una preferenza ovvia per l'architettura. Le piace molto anche la pittura e i primi anni di università spesso disegnava a mano libera, con discreti risultati. Ama Van Gogh e Klimt, dei quali possiede alcune stampe, manifesti, agende... Adora i concerti di musica dal vivo di tutti i generi, dal classico al rock.

Inoltre le piace il cinema e ha una vera passione per i film vecchi in bianco e nero, con una predilezione assoluta per Audrey Hepburn.

A casa non so quante volte l'ho vista ridere a crepapelle con la sorella guardando, per l'ennesima volta, *Il diario di Bridget Jones*.

Sì. È un personaggio buffo, che vive situazioni spesso imbarazzanti e Cate talvolta si immedesima con lei. Però cita spesso anche altri film: *Scrivimi una canzone*, *Two Weeks Notice*, *I pirati dei caraibi*. Comunque il film che più ha nel cuore è *Colazione da Tiffany*. Ama certi filmetti leggeri, commedie e love story, tragicomiche, ma mai banali... le piace ridere delle buffe disgrazie del protagonista, ma pretende l'happy end!! Odia i film demenziali ed è terrorizzata da quelli di paura e dalla vista del sangue.

Poi adora i cartoni animati, sia quelli storici della Disney, di cui spesso canta le colonne sonore, che quelli trasmessi in tv la mattina presto (quelli che guardano i bambini prima della scuola)... tanto che spesso la prendiamo in giro dicendo che si sveglia presto non per studiare, ma per guardare i cartoni in santa pace!!

Infatti a casa, al mattino, fa coppia col fratellino: fanno colazione davanti ai cartoni...

Non so se sapete che di Winnie Pooh – personaggio dei cartoni che detesta – ha però imparato a fare simpaticamente l'imitazione per prendere in giro il fratello. Cate che fa il verso a Winnie mentre dice «Oh rabbia!!!» è diventato un tormentone in appartamento.

Penso da anni che Caterina abbia mille talenti che però non ha coltivato veramente: a parte la cucina, il pianoforte, il disegno (è bravissima), il canto...

Sì, è brava a disegnare a mano libera. Da qualche anno scarabocchia vestiti, figurine stilizzate con abiti di sua invenzione sui bordi dei libri, foglietti volanti. Ma le sue vere passioni sono decisamente il canto e la musica. Spesso dice che, nonostante la scelta universitaria, la sua vera vocazione sia quella di cantare. L'ha entusiasmata scoprire Patti Smith non solo perché è una cantante eccezionale, ma anche perché la sua carriera è iniziata tardi, a ventotto anni... Cate sogna di fare come lei!!

Con il canto e la musica sfioriamo il suo mistero più intimo... Quanto profondamente senta la musica ce ne stiamo accorgendo in questi mesi drammatici...

È vero. Infatti anche a casa Cate canta continuamente e spesso si commuove. Canta anche mentre studia, cucina, lava. Canta spesso le sue amate laude *Voi ch'amate lo Criatore* e *Laude novella*[75]... dice che ne ha bisogno.

Per lei è un modo di pregare. Credo che la scelta di Firenze come sede di studio sia dovuta anche alla presenza di un coro di universitari.

Sì. Lei ci tiene molto... spesso la prendiamo in giro perché quando canta pronuncia una «s» faticosa e lei un po' si mortifica e un po' sta al gioco... tanto sa di essere brava.

Prima dei concerti è sempre molto preoccupata... è angosciata perché ama molto interpretare certi canti, come le laude, e ha paura che non chiedano a lei di cantarli... Non perché le piaccia fare la primadonna, ma perché ha fisicamente «bisogno» di farlo.

Forse è il suo modo più sentito di dare testimonianza a Gesù Cristo e di aprire a Lui il suo cuore... Ma qui siamo davvero al suo segreto. Come esprime con voi la sua fede?

Cate parla di rado del suo rapporto col Mistero e non è una questione di riservatezza. La sua è una convivenza naturale con quel Mistero che lei, senza fronzoli e obiezioni, chiama Gesù. Non c'è nulla da aggiungere o spiegare perché Cate ha la fede e l'obbedienza che solo certi bambini e certe persone anziane hanno: quella familiarità assoluta con Cristo che la rende certa della Sua presenza fisica, sempre... la stessa familiarità di Marcellino col Crocifisso.[76]

Cosa significa di preciso?

Non avverte il bisogno di «riconoscere» Cristo nelle circostanze... il punto per lei è rispondere a quello che Cristo chiede alla

[75] Di *Voi ch'amate lo Criatore* parleremo dopo, *Laude Novella* è anch'essa dedicata alla Madonna.

[76] Qui il riferimento è al film *Marcellino pane e vino*.

sua vita... è una vera urgenza per Cate e credo sia questo che la rende così inquieta e tormentata... forse è per questo che spesso si sente inadeguata... avverte dolorosamente il suo male e ha bisogno fisico dei sacramenti.

La vedete pregare?

Cate non è che preghi, Cate letteralmente «recita le preghiere», come non si vedeva fare dai tempi del catechismo.

Ti sgrida e ti guarda con gli occhi spalancati: «Ma tu non preghi mai!!?? Ma come fai!!??».

Non parla mai di questa sua forte tensione religiosa?

È rimasta molto impressionata da quanto successo a Siena alcuni anni fa, durante una veglia di preghiera in cui Marija, presente all'evento, ebbe l'apparizione. Ed è rimasta colpita da alcune cose che tu le hai raccontato o che hai scritto, su Medjugorje, su Padre Pio e su Giovanni Paolo II. Cate ha una grande paura del Male e ogni tanto ci chiede di pregare... non entra nei dettagli perché non ama parlare di certe cose. Ci fidiamo e non facciamo domande... solo gli stolti e i distratti non temono il Male!

Vengono le vertigini a pensare come il Signore scelga giovani come lei, una ragazza di oggi, con gli interessi e le scelte di una giovane donna del 2010, con le sue fragilità e la sua fede, per una missione così misteriosa e dolorosa: aiutarlo a portare ed espiare il male del mondo... Per tutti noi...

Scrivo queste pagine sotto il peso della nera cronaca quotidiana, che parla di continui massacri di cristiani e di valanghe di fango scagliate sulla Chiesa, a causa di preti indegni che hanno violato l'infanzia innocente e tradito il Signore. Bisogna «pensare a tutta la mediocrità degli uomini» e al male di cui siamo capaci, per capire il valore che ha «la sofferenza della bontà assoluta sotto questa alluvione di m... (l'inesauribile nausea del Cristo del monte degli Olivi)».[77]

Recentemente Benedetto XVI è voluto andare in pellegrinaggio a Fatima per mettere la Chiesa e l'umanità sotto la protezione della Santa Vergine, confessando l'immane cumulo di infamie che schiaccia il mondo e che ha provocato devastazioni e crimini anche nella Chiesa. Afflitta, ha detto lui stesso, dalla persecuzione interna (quella provocata dai peccati dei suoi uomini), ancor più dolorosa della feroce persecuzione esterna. Che talora ha fatto vittime tra i suoi figli più piccoli e innocenti.

A Fatima il papa – addolorato e commosso – ha indicato la via che la Madonna ha insegnato ai tre pastorelli, donandoci anche la chiave di lettura delle nostre sofferenze. Ha infatti parlato di «un amore che si sacrifica per gli altri ma non sacrifica gli altri... Di ciò sono esempio e stimolo i pastorelli, che hanno fatto della loro vita un'offerta a Dio e una condivisione con gli altri per amore di Dio... Nella Sacra Scrittura appare frequentemente che Dio sia alla ricerca di giusti per salvare la città degli uomini e lo stesso fa qui, in Fatima, quando la Madonna domanda: "Volete offrirvi a Dio per sopportare tutte le sofferenze che Egli vorrà mandarvi, in atto di riparazione per i peccati con cui Egli è offeso, e di supplica per la conversione dei peccatori?" (*Memorie di Suor Lucia*, I, 162)».

Così «proprio dai piccoli nasce una nuova forza della fede, che non si riduce ai piccoli, ma che ha un messaggio per tutto il mondo e tocca la storia proprio nel suo presente e illumina questa storia».

Penso a Caterina e ai brani che amava cantare e che sentiva in modo speciale. Sembra quasi che Gesù l'abbia preparata anche, proprio, attraverso quelle antiche laude...

Di certo quando la si ascolta cantare, si sente vibrare la sua

[77] Emmanuel Mounier, *Lettere sul dolore*, BUR 1995, p. 57.

anima e credo – stando a quanto mi testimoniano montagne di mail – che molti si siano commossi e abbiano cominciato a pregare per lei proprio dopo averne sentito il canto.

Specialmente *Ojos de cielo* ha colpito tutti. Ma, come si è accennato poco fa, a un altro canto dedicato alla Madonna, Caterina era attaccatissima, un'antica lauda medievale.

È lo struggente pianto di Maria su Gesù deposto dalla Croce, si intitola *Voi ch'amate lo Criatore* ed è tratto dal Laudario di Cortona, del XIII secolo.

È accaduto questo. Nella settimana santa del 2007 diversi amici di CL di Firenze mi scrissero mail o sms inaspettati dicendomi che si erano commossi durante la Via Crucis per aver sentito come Caterina aveva cantato quell'antica lauda.

Quando finalmente sono riuscito a procurarmi la registrazione sono rimasto senza fiato... Non solo per la commozione di risentire la sua bellissima voce, ma per l'intensità e l'intimo pudore con cui ci fa entrare nel dolore della Madre del Salvatore.

Ascoltandola ho capito perché tanti si commossero quando l'ascoltarono. E ho capito anche perché lei, che non ama mettersi al centro dell'attenzione, quella volta si «impuntò» perché voleva a ogni costo cantarla lei. Il testo è bellissimo:

Voi ch'amate lo Criatore,
ponete mente a lo meo dolore.
Ch'io son Maria co' lo cor tristo
La quale avea per figliuol Cristo:
la speme mia e dolce acquisto
fue crocifisso per li peccatori.
Capo bello e delicato,
come ti veggio stare enchinato;
li tuoi capelli di sangue intrecciati,
fin a la barba ne va irrigore.
Voi ch'amate lo Criatore,
ponete mente a lo meo dolore.
Bocca bella e delicata,

come ti veggio stare asserrata,
di fiele e aceto fosti abbeverata,
trista e dolente dentr'al mio core.
Voi ch'amate lo Criatore,
ponete mente a lo meo dolore.

Credo che l'interpretazione di Caterina sia riuscita a far sentire l'immensità del dolore di Maria, la sua struggente tragedia, senza però sbavature enfatiche, facendo trasparire la dignità e l'umiltà della Vergine.[78]

Io che penso sempre a Caterina come alla bambina che era – e che mi stupisco di scoprirla giovane donna ricca di

[78] Anche un esperto come Stefano Torelli e una interprete come Maria Consigli – che proprio su questo canto aveva avuto l'«investitura» di don Giussani – mi hanno contattato per mail per confessarmi la loro emozione. Torelli mi ha scritto: «Mi permetto di sottrarle due minuti dopo aver ascoltato (oggi 2 ottobre) Caterina cantare *Voi ch'amate lo Criatore*. Come scrivevo, sono cantante di musica sacra da quando ero fanciullo e di esecuzioni di questa lauda ne ho sentite (e fatte) a centinaia. Questa è particolarmente toccante. Nell'interpretazione di sua figlia c'è davvero tanto sentimento e al contempo tanta misura. Sembra cantata proprio sull'orlo del pianto, ma "al di qua" dell'orlo. Quando guarirà, anche come ringraziamento suggeritele di studiare canto: i talenti vanno fatti fruttare. Unendo una preghiera all'angelo custode di Caterina, torno a salutarla con affetto. Stefano Torelli».

Ed ecco cosa mi ha scritto Maria Consigli: «Carissimo Antonio, da quando è iniziata la misteriosa vicenda di Caterina non ho smesso un solo istante di pregare e far pregare per lei, offrendo piccoli sacrifici. Puoi immaginare come sia stato emozionante per me ascoltare la sua voce davvero bella, oserei dire angelica. Ma è stato in particolare il *Voi ch'amate lo Criatore* a suscitare la mia commozione. Questo canto mi è carissimo perché tutti gli anni a Caravaggio lo eseguo durante la Via Crucis del CLU, obbedendo a una richiesta del Gius che, più di venticinque anni fa, mi chiese di cantarlo «anche quando sarai madre di sette figli» (per usare le sue precise parole). Ho pensato che se lui fosse ancora vivo e l'avesse ascoltata, avrebbe fatto la stessa richiesta a tua figlia e sono certa che ora anche lui dal Cielo fa il tifo per Caterina e intercede per lei. Per ora ti dico solo questo, non voglio dilungarmi, ma ti assicuro che continuerò a pregare per la completa guarigione di Caterina. (...) Sono sicura che un giorno potrò incontrare Caterina e ascoltarla cantare e cantare con lei. Ciao in comunione. Maria».

interiorità e maturità – mi sono chiesto da dove abbia tratto quell'intensa partecipazione al dolore della Madre di Cristo, quando e come abbia conosciuto così la vita e la tragedia del male e la compassione della Madonna.

Penso che sia stata la «bella ragazza» di Nazaret in questi anni, tenendola nel suo mantello come avevo chiesto all'Annunziata, ad averle fatto sentire come arde il suo cuore di Madre. Il Signore ha carezzato la sua anima, ma di questa intimità solo Caterina può parlare. Forse lo ha fatto (e lo farà) attraverso il suo canto.

Intanto io guardo i volti belli dei suoi amici e delle sue amiche, con i quali ha condiviso in questi anni una splendida avventura cristiana, e mi rendo conto della grandezza del dono che ha avuto: attraverso la nostra povera paternità e maternità, una Paternità e una Maternità grande, luminosa come il volto dei santi, come la grande compagnia cristiana in cui è cresciuta ed è diventata donna.

Il Mantello della Santissima Annunziata in cui avevo chiesto di custodirla è fatto di tanti volti, di amici e padri e maestri... Dal profondo del suo silenzio, della sua obbedienza alla crocifissione, è come se Caterina non avesse mai smesso di cantare la Madre di Gesù e il suo dolore. Per questo io voglio invocarla con lei e per lei. Perché torni a parlarci di Maria, col suo canto...

Nei giorni del dolore più acuto ho cercato ansiosamente tutte le registrazioni dei suoi canti, un po' per ascoltarne l'anima, un po' perché la sua preghiera alla Santa Vergine, nostra speranza e nostra consolazione, continuasse a risuonare. E anche per le tante persone che mi hanno scritto, afflitte nel corpo o nello spirito, chiedendo la nostra preghiera.

È così che ho scoperto la sua esecuzione di *Riu, riu chiu*, anch'esso dedicato alla Madre di Cristo.[79] Caterina lo ha

[79] L'altro canto di Caterina solista, *Sierra de luna*, in spagnolo, è dedicato alla Madonna del Pilar di Saragozza.

cantato come solista con il suo coro al concerto di Natale del 2008.

È un canto bellissimo, spagnolo, che mi ha commosso in modo travolgente quando ne ho scoperto la traduzione:

Riu, riu chiu la guarda ribera:	Riu, riu chiu canta l'allodola:
Dios guardó del lobo a nuestra cordera.	Dio protesse dal lupo la nostra agnellina.
Este que es nacido es el gran monarcha,	Colui che è nato è il grande Re,
Christo patriarcha de carne vestido;	Cristo Patriarca di carne vestito;
hanos redimido con se hazer ciquito,	ci ha redenti facendosi piccolo,
aunque era infinito, finito se hiziera.	malgrado fosse infinito si rese finito.

Come non pensare alla nostra Caterina quando si sente ripetere la «cordera», l'agnellina?

Anche stavolta quel lupo rabbioso (che è il Nemico di Dio) sarà annientato dal Salvatore, il Signore Gesù, che è l'Amore stesso e che per una bambina morta, anzi «dormiente», pronunciò il suo «Talita Kum», «agnellina, alzati!», riportandola in vita.

Post scriptum sulle «terre estreme»

«Vivere, non vivacchiare.»

Pier Giorgio Frassati

Mi incuriosisce che Caterina sia rimasta così colpita dal libro *Nelle terre estreme* e dalla sua trasposizione cinematografica. Perché questa folgorazione? Dice Stefano che quando lei vide il film «restò due giorni senza profferire parola e rispondeva con uno sguardo seccato a chiunque le chiedesse se le fosse piaciuto».

Una reazione coerente col suo temperamento perché Caterina da sempre ama il silenzio almeno quanto ama il canto e, per esempio, nei viaggi in auto – con me o con Stefano – era capace di stare muta per chilometri e chilometri immersa nella sua misteriosa dimensione.

È una caratteristica che ha ereditato dalla madre (non certo da me). Forse – rimuginavo – il fascino di quel libro e di quel film per lei deriva proprio da quella ricerca delle estreme terre del silenzio, cioè del mistero, da parte dell'inquieto protagonista.

Quasi per caso, dalle sue tantissime scatole è saltato fuori proprio quel libro. Le fu regalato dal suo ragazzo nel marzo 2008 con una dedica emblematica: «A Caterina, perché mi hai fatto capire la bellezza e la grandezza del silenzio. Stefano». È stato inevitabile per me leggerlo. Per capire qualcosa in più.

Il libro di Jon Krakauer racconta la vicenda di Chris McCandless che nel 1990 lasciò tutto, dette gli averi e i risparmi in beneficenza, per inoltrarsi nell'immensità sconosciuta dell'Alaska. Fu ritrovato morto da un cacciatore nel 1992 e, anche grazie al diario che portava con sé, Krakauer ha potuto ricostruire quei mesi del giovane e la sua folle avventura.

C'è una pagina del libro che Caterina ha sottolineato (l'ha segnata anche con un ricciolo) e forse è davvero la chiave di lettura per capire la scelta di Chris.

Krakauer scrive che per riuscire a comprendere Chris McCandless bisogna inserire la sua impresa «in un contesto più ampio. Proviamo a guardare le controparti da un luogo distante e a tornare indietro di cent'anni».

A che si riferisce Krakauer? Lo spiega subito: «A ridosso della costa sudorientale dell'Islanda sorge un'isola chiamata Papós. Bassa, brulla e rocciosa, l'isola di Papós è costantemente graffiata da violente raffiche di vento provenienti dal Nord Atlantico e deve il proprio nome ai primi abitanti, i monaci irlandesi noti come *papar*».

Un giorno d'estate, lungo la riva, Krakauer racconta di essersi imbattuto in «vestigia delle antiche dimore dei monaci» che erano arrivati qui dall'Irlanda nel V e VI secolo d.C., dopo aver affrontato, a bordo di miserrime barchette, «uno dei tratti di oceano più pericolosi del mondo senza sapere se e cosa avrebbero trovato dall'altra parte. I *papar*» osserva Krakauer (e Caterina sottolinea queste righe) «rischiarono la vita, e un numero sconosciuto di fatto la perse, non all'inseguimento di ricchezza, gloria personale o nuove terre», ma – ha spiegato il grande esploratore Fridtjof Nansen – «per il desiderio di scovare posti solitari, dove gli anacoreti potessero abitare in pace, lontani dal frastuono e dalle tentazioni del mondo».

Infatti appena, nel IX secolo, arrivò sull'isola qualche sparuto norvegese, i monaci «ripartirono alla volta della Groenlandia. Furono trascinati oltre le furie dell'oceano, furono sospinti oltre i confini occidentali del mondo conosciuto» scrive Krakauer «da nient'altro che sete di spirito, una brama di tale e misteriosa intensità da superare la moderna immaginazione».

Perché Krakauer fa questo suggestivo flashback? Lo spiega: «Leggendo di questi monaci si rimane scossi dal coraggio, dall'incauta innocenza e dall'urgenza del loro desiderio» e «non si può fare a meno di pensare a (...) Chris McCandless».[80]

Come se questi giovani del XX secolo fossero abitati ancora dall'inquietudine dell'infinito che caratterizzava quegli antichi monaci. Come se la nostra insoddisfazione di moderni fosse in realtà lo stesso inestirpabile desiderio di Dio che animava quegli anacoreti.

Lo lascia pensare un altro passo del libro (sottolineato da Caterina): «Pare dunque che McCandless fosse sì attratto dalle donne, ma che rimanesse quasi o del tutto casto, come un monaco. Castità e purezza morale erano qualità sulle quali il ragazzo rimuginava spesso e volentieri». Nel suo volume del *Walden* di Thoreau, McCandless aveva cerchiato questa frase: «La castità è la fioritura dell'uomo; e ciò che si chiama Genio, Eroismo, Santità e simili, sono solo i vari frutti che vengono come conseguenza di essa».[81]

Evidentemente ciò che aveva affascinato Caterina, cresciuta in una compagnia che le ha fatto amare la bellezza, la purezza, l'eroica gratuità, la santità, era proprio questa avventura di Candless nelle «terre estreme» di un altro modo di vivere, di pensare, di guardare il mondo. Diverso da quello della mentalità dominante.

Ho vissuto da giovane la stessa esperienza e ricordo che ci piaceva dirla con le parole di Emmanuel Mounier: «L'unica cosa che conta è l'inquietudine divina delle anime inappagate».[82]

[80] Jon Krakauer, *Nelle terre estreme*, Corbaccio 2008, pp. 129-130.

[81] *Ivi*, pp. 91-92.

[82] Citavamo molto spesso questa pagina di Mounier (la scrisse a ventidue anni) negli anni dell'università, davanti alla boria delle baronie e dei

Oh, quanto avrei voluto sentire da Caterina stessa queste sue emozioni e quanto avrei voluto vedere con lei quel film e parlare di quel libro. Come avrei voluto custodire, abbracciare quello slancio del suo cuore. L'avrei tenuto al caldo della terra come i nostri nonni contadini facevano con la semente nell'inverno. Mounier, sapientemente, osservava: «No, non bisogna togliere ai giovani la sete dell'irrealizzabile».[83]

Perché l'irrealizzabile primavera poi arriva...

Mentre mi raccontavano della passione di mia figlia per quel libro e quel film ho pensato che a lei – dal 12 settembre – è toccato esplorare terre ancora più estreme dell'Alaska, quelle al confine col Mistero di Dio, terre di un grande e sconosciuto silenzio che forse – chissà – è una cosa sola col canto, col canto degli angeli.

E tuttavia a noi appare come una condizione insopportabile di non-vita e non-morte. Più d'uno negli ospedali (non però i suoi medici curanti) ci ebbe a dire che sarebbe rimasta sempre così, in stato vegetativo. Ce lo dicevano con zelo, per informarci...

Il dolore lancinante e profondissimo che provocavano in noi queste «premurose informazioni» non si può dire. Caterina mia, dolce tesoro, dunque non ti sentirò più cantare, né ascolterò l'esplosione della tua risata scintillante? Mai più vedrò quel tuo sguardo attentissimo e ardente? Dunque resteranno spente le tue passioni, i tuoi sogni, il tuo futuro?... Sarà per sempre un futuro di silenziosa crocifissa su un letto?

partiti intellettuali. Ecco il passo completo: «L'unica cosa che conta è l'inquietudine divina delle anime inappagate. Oh, gli spiriti limitati, le persone sedute in cattedra, in tribuna, nelle loro poltrone, le persone soddisfatte, gli intelligenti, gli u-n-i-v-e-r-s-i-t-a-r-i! Vedi, è assolutamente necessario che diamo un senso alla nostra vita. Non quello che gli altri vedono e ammirano, ma il *tour de force* che consiste nell'imprimervi il sigillo dell'Infinito» (Emmanuel Mounier, *Lettere e diari*, Città armoniosa 1991, pp. 41-42).

[83] Emmanuel Mounier, *Lettere sul dolore*, BUR 1995, p. 24.

«Non posso andar via da Lui.»

È l'aprile 2008. Un anno e mezzo prima di quel fatale 12 settembre 2009. Caterina ha appreso di alcuni problemi di salute di un professore che stima moltissimo. Cerca dentro il cuore le parole più vere per dirgli la sua speranza, ma le sembra di non riuscire ad esprimerle.

Poi, il 26 aprile, accade un fatto che sconvolge la vita sua e degli altri amici del CLU. Uno di loro, Francesco, mentre era alla guida della sua moto, per un incidente assurdo muore. Di colpo. A venticinque anni.

Proprio in quel dolore, con le tante e irrisolte domande che le si sono spalancate davanti, riesce a scrivere al professore quello che prima non era capace di esplicitare. E dice qualcosa che sembra un enigmatico presagio e che, riletto oggi, commuove e intenerisce:

Caro professore,

avevo pensato di risponderle già da tempo, ma un senso di inadeguatezza mi ha trattenuto dal farlo. Oggi mi sono decisa. Oggi, che ho ricevuto la notizia della morte di un mio amico, avvenuta la notte scorsa in un incidente stradale.

All'inizio facevo fatica a credere che fosse realmente successo, così, senza preavviso, senza la possibilità di prepararsi... non c'entrava proprio niente.

La vita è un mistero, caro professore, io non capisco ancora perché sia successo, e continuo a pensare al dolore di Francesco, dei suoi genitori, del ragazzo (di vent'anni) responsabile della sua morte. Non capisco perché il Signore abbia potuto permettere che accadesse, ma so anche che nonostante questo non posso andare via da Lui, perché solo Lui mi rende capace di guardare a tutto senza censurare niente, neanche il dolore, perché Lui per primo è morto dopo atroci sofferenze per salvare me, il mio amico Francesco, e lei.

Prego per la sua guarigione, e spero di vederla presto.

Grazie per tutto.

Mi ha colpito non tanto lo sgomento, comprensibile, per la morte così acerba di un amico, e neppure la sua fede, il suo attaccamento tenace a Gesù, unica roccia della vita, che sente come amico e Salvatore.

Mi ha colpito soprattutto quel suo smarrimento di fronte alla possibilità di una morte improvvisa («così, senza preavviso, senza la possibilità di prepararsi...»). Che non può non far pensare a quanto le stava per accadere... come quel suo stupore: «La vita è un mistero...».

Ma forse sbaglio. Anzi, sbaglio sicuramente, perché l'unica cosa di cui meravigliarsi – è il vero miracolo – dovrebbe essere il modo in cui Caterina sente Gesù, qualcosa di immenso che sta tutto in quella pudica e struggente confessione: «Non posso andare via da Lui...».

Gesù è l'amore della vita. La mia Caterina... che mistero! E che bellezza di grazia... Penso a quel giorno in cui Gesù, parlando di coloro che ama, di coloro che ha scelto, disse: «Nessuno potrà mai rapirli dalla mia mano...». È di Caterina che parla: «Nessuno potrà rapirla dalla mia mano».

Dunque, si plachino il tumulto e l'angoscia del nostro cuore. È in mani sicure. Le sole sicure. Le sole potenti e buone.

Seconda parte

Dentro al dolore del mondo

«Non accontentatevi delle cose piccole.
Egli (Iddio) le vuole grandi.»

Santa Caterina da Siena

Storie immense

«Raccontami tutto, svelami le ferite del tuo cuore; io le guarirò e la tua sofferenza diverrà la fonte della tua santificazione.»

Gesù a santa Faustina Kowalska

Vederla così, crocifissa e indifesa, la fa amare ancor di più... Si cerca di allontanare il pensiero del peggio, del futuro, ma inevitabilmente riaffiora. Ogni istante. E insieme allo sgomento, alla paura, all'annichilimento, sboccia la nostra ostinata e dolente volontà di amarla e starle accanto per sempre. Comunque.

E la certezza che questa è di sicuro e in ogni caso una storia a lieto fine! Sì, perché guarirai! Ne sono certo! E se anche dovesse mancarci la gioia della guarigione sulla terra, sebbene straziati, siamo destinati a far festa con te – e per sempre – in cielo. Quando tutte le lacrime – come ha promesso Gesù – saranno asciugate dai nostri occhi.

Contemplo Caterina e ora, solo ora, capisco quelle parole, tante volte lette, di Emmanuel Mounier, davanti alla sua piccola Françoise, che mi avevano così commosso... Parole vertiginose, che grondano dolore e magnificenza.

Era l'aprile del 1979, quando don Giussani, nell'indimenticabile meditazione del venerdì santo, ci fece tuffare in quel mare di grandezza, eroismo, bellezza che è la storia di Mounier, della moglie Paulette e della loro bambina, Françoise.

Io conoscevo Mounier come grande intellettuale, che aveva nel cuore l'ardore cristiano di Péguy. Negli anni tragici della Seconda guerra mondiale, negli anni delle stragi staliniane e del demone nazista, donò al pensiero cristiano pagine preziose di resistenza e di speranza, con la sua meditazione sul «personalismo», elaborata anche grazie all'amicizia con Jacques Maritain. E lo ricordavo come il vivace fondatore di «Esprit», la rivista che il giovane filosofo cattolico seppe trasformare in un punto di riferimento della cultura e della politica francese.

Ma la sua vera statura, la sua vera grandezza – come ci rivelò don Giussani – emerge altrove, nelle lettere alla moglie che scrisse, fra l'altro, nel momento più cupo per il suo popolo: quello dell'invasione nazista. Lui è alle armi, poi partecipa alla Resistenza e viene arrestato e imprigionato sotto il governo filotedesco di Vichy.

La sua amatissima bambina, Françoise, ancora piccola, ha contratto una meningite che l'ha lasciata praticamente – come si usa dire – incapace di intendere e di volere. Una tragedia indicibile per tutti. Ma per due cristiani come Emmanuel e Paulette quell'infinito dolore incredibilmente diventa oro.

«Quando ministri, capi di governo, filosofi, passavano per casa sua, il posto d'onore a tavola era sempre per la figlia. Era il simbolo di Cristo sulla croce» ci diceva don Giussani. Concludeva con una frase immensa che avremmo capito solo con gli anni: «Siamo tutti una cosa sola ed è il sacrificio che ci salva».

Poi ci leggeva brani delle lettere di Mounier alla moglie Paulette, in quei mesi terribili.

> 20 marzo 1940
> Che senso avrebbe tutto questo se la nostra bambina non fosse altro che una carne malata, un po' di vita dolorante, e non invece una bianca piccola ostia che ci supera tutti, un'immensità di mistero e di amore che ci abbaglierebbe se lo vedessimo faccia a faccia; se ogni colpo più duro non fosse una nuova elevazione che ogni volta, allorché il nostro cuore comincia ad abituarsi al colpo precedente, si ri-

> vela come una nuova richiesta di amore. Tu senti le piccole povere voci supplicanti di tutti i bambini martiri del mondo e il dolore che la loro infanzia sia andata perduta nel cuore di milioni di uomini che ci chiedono, come un povero al margine della strada: «Diteci, voi che avete il vostro amore, le mani piene di luce, volete donarci tutto questo». Se a noi non resta che soffrire (subire, patire, sopportare), forse non ce la faremo a dare quello che ci è stato chiesto. Non dobbiamo pensare al dolore come a qualcosa che ci viene strappato, ma come a qualcosa che noi doniamo, per non essere indegni del piccolo Cristo che è in mezzo a noi, per non lasciarlo solo a lavorare con Cristo.
> Non voglio che si perdano questi giorni, dobbiamo accettarli per quello che sono: giorni pieni di una grazia sconosciuta.

Il 5 maggio la terribile sentenza. Mounier annota: «L'ultimo atto è cominciato. La diagnosi è definitiva. Encefalite acuta, una malattia che finirà per devastare terribilmente la nostra bambina tanto che dovremo farci forza per non chiedere a Dio di riprenderla».

Tre mesi dopo nel suo diario scrive una pagina che resterà celebre.

> 28 agosto 1940
> Presenza di Françoise. Storia della nostra piccola Françoise, che sembra continuare la sua esistenza con dei giorni privi di storia.
> Il primo sforzo è stato quello di superare la psicologia della sventura. Questo miracolo che un giorno si è spezzato, questa promessa su cui si è richiusa la lieve porta di un sorriso cancellato, di uno sguardo assente, di una mano senza progetti, no, non è possibile che ciò sia casuale, accidentale.
> «È toccata loro una grande disgrazia.» Invece non si tratta di una disgrazia: siamo stati visitati da qualcuno molto grande. Così non ci siamo fatti delle prediche. Non restava che fare silenzio dinanzi a questo nuovo mistero, che poco a poco ci ha pervaso della sua gioia. Ricordo i miei permessi a Dreux,

ad Arcachon, quest'ultimo avvenuto in una grande angoscia. Ho avuto la sensazione, avvicinandomi al suo piccolo letto senza voce, di avvicinarmi ad un altare, a qualche luogo sacro dove Dio parlava attraverso un segno. Ho avvertito una tristezza che mi toccava profondamente, ma leggera e come trasfigurata. E intorno ad essa mi sono posto, non ho altra parola, in adorazione. Certamente non ho mai conosciuto così intensamente lo stato di preghiera come quando la mia mano parlava a quella fronte che non rispondeva, come quando i miei occhi hanno osato rivolgersi a quello sguardo assente, che volgeva lontano, lontano dietro di me, una specie di cenno simile allo sguardo, che vedeva meglio di uno sguardo.
Se è vero che ogni autentica preghiera si fonda sulla morte delle potenze, sensibili, intellettuali, volontarie, se la sottile punta dell'anima di un bambino battezzato, come ha scritto non so più quale grande autore spirituale, è messa immediatamente in contatto diretto con la vita divina, quali splendori si nascondono allora in questo piccolo essere che non sa dire nulla agli uomini?
Per molti mesi, avevamo augurato a Françoise di morire, se doveva rimanere così com'era. Non è sentimentalismo borghese? Che significa per lei essere disgraziata? Chi può dire che essa lo sia? Chi sa se non ci è domandato di custodire e di adorare un'ostia in mezzo a noi, senza dimenticare la presenza divina sotto una povera materia cieca? Mia piccola Françoise, tu sei per me l'immagine della fede. Quaggiù, la conoscerete in enigma e come in uno specchio.
In questa storia, la nostra *disgrazia* ha assunto un'aria di evidenza, una familiarità rassicurante (...). La guerra è scoppiata, tanto da coinvolgerla nella grande miseria comune. Così immerso, il peso è divenuto più lieve. La guerra ha offerto a Paulette i momenti più atroci della solitudine e dell'angoscia in settembre, in aprile. Ma, nonostante questi momenti, essa ha finito per guarirci dalla malattia di Françoise. Quanti innocenti straziati, quanti innocenti calpestati! Questa piccola bambina immolata giorno per giorno è stata forse la nostra vera presenza nell'orrore dei tempi. Non si può sol-

> tanto scrivere libri. Bisogna pure che la vita ci stacchi ogni tanto dall'impostura del pensiero, del pensiero che vive sulle azioni e i meriti altrui.
> Ora che la minaccia di aprile si è allontanata, ora che sembra si debba continuare a vivere insieme, Françoise, piccola mia, sentiamo una nuova storia intervenire nel nostro dialogo; occorre resistere alle forme facili della pace segnata dal destino, rimanere padre e madre, non abbandonarti alla nostra rassegnazione, non abituarci alla tua assenza, al tuo miracolo; donarti il tuo pane quotidiano di amore e di presenza, continuare la preghiera che tu rappresenti, ravvivare la nostra ferita, poiché questa ferita è la porta della presenza, restare con te. Forse occorre invidiarci questa paternità incerta, questo dialogo inespresso, più bello dei giochi infantili.

Infine, il 9 marzo 1943, Mounier (che morirà giovane, nel 1950) scrive al padre:

> Ora che non abbiamo più alcuna speranza umana su di lei, la mia più grande tristezza è di constatare, guardandomi indietro, quanti giorni l'abbiamo lasciata sola, quasi dimenticata, mentre la vita scorre veloce e la lontananza cicatrizza le ferite. Ciò nonostante, Françoise è forse la nostra corona, per un disegno misterioso. Essa dà, secondo me, un senso concreto, vicino, familiare, all'aldilà: luogo nel quale ci diamo appuntamento, nel quale saremo un'altra volta padre e madre di un essere assolutamente sconosciuto, non toccato dal male.[84]

Un'altra storia vertiginosa, un'altra storia cristiana.

Benedetta Bianchi Porro, nata in provincia di Forlì nel 1936, è una ragazza piena di talenti: basti dire che si iscrive alla facoltà di medicina, a Milano, addirittura a diciassette anni. Ma proprio in quel periodo comincia a manifestarsi una strana malattia che i medici non riescono a decifrare.

[84] Tutti questi brani sono tratti da Emmanuel Mounier, *Lettere sul dolore*, BUR 1995.

Benedetta arriva all'ultimo esame nel 1957, ma la quasi laurea le serve solo per diagnosticare la sua stessa malattia: neurofibromatosi diffusa (morbo di Recklinghausen), una patologia terrificante che provoca la perdita di tutti i cinque sensi. La progressione è spaventosa. A ventun anni Benedetta è totalmente paralizzata a causa di un intervento chirurgico e quasi completamente sorda. A ventiquattro anni perde del tutto l'udito, il gusto, il tatto e l'olfatto, mentre deve subire dolorose operazioni alla bocca. Presto diventa anche cieca. È pressoché isolata dal mondo. Le resta un briciolo di sensibilità su una mano e sulla guancia e un filo di voce.

La sua lotta con la malattia è coraggiosissima. Durante questo calvario sperimenta lo scoraggiamento e la paura, ma anche, nel cammino cristiano, un vigoroso entusiasmo per l'intimità con Cristo che questa passione le dava.

Sebbene in una condizione limite, riesce a non farsi sopraffare dalla malattia, l'accetta, la vive come un cammino di santificazione e anche così riesce a comunicare la sua profonda passione per la vita: «Io penso che cosa meravigliosa è la vita anche nei suoi aspetti più terribili; e la mia anima è piena di gratitudine e di amore verso Dio per questo».

Benedetta diventa un luminosissimo punto di riferimento per tantissimi, soprattutto giovani. Muore a ventotto anni, nel 1964. Oggi è in corso il suo processo di beatificazione.

Pochi mesi prima di morire, quando ormai la sua situazione era indicibile, viene a conoscere la storia di un giovane gravemente malato, le cui sofferenze sono state raccontate su un settimanale popolare. Così, attraverso la madre, Benedetta riesce a dettare una lettera indirizzata proprio a lui:

Caro Natalino,

in «Epoca» è stata riportata una tua lettera. Attraverso le mani, la mamma me l'ha letta. Sono sorda e cieca, perciò le cose per me diventano abbastanza difficoltose.

Anch'io, come te, ho ventisette anni, e sono inferma da tem-

po. Un morbo mi ha atrofizzato, quando stavo per coronare i miei lunghi anni di studio: ero laureanda in medicina a Milano. Accusavo da tempo una sordità che i medici stessi non credevano, all'inizio. Ed io andavo avanti così, non creduta e tuffata nei miei studi che amavo disperatamente. Avevo diciassette anni quando ero già iscritta all'università.

Poi il male mi ha completamente arrestato quando avevo quasi terminato lo studio: ero all'ultimo esame. E la mia quasi laurea mi è servita solo per diagnosticare me stessa, perché ancora (fino allora) nessuno aveva capito di che si trattasse.

Fino a tre mesi fa godevo ancora della vista, ora è notte. Però nel mio calvario non sono disperata. Io so che in fondo alla via, Gesù mi aspetta.

Prima nella poltrona, ora nel letto, che è la mia dimora, ho trovato una sapienza più grande di quella degli uomini. Ho trovato che Dio esiste ed è amore, fedeltà, gioia, certezza, fino alla consumazione dei secoli.

Fra poco io non sarò più che un nome, ma il mio spirito vivrà, qui fra i miei, fra chi soffre, e non avrò neppure io sofferto invano.

E tu, Natalino, non sentirti solo. Mai. Procedi serenamente lungo il cammino del tempo e riceverai luce, verità: la strada sulla quale esiste veramente la giustizia, che non è quella degli uomini, ma la giustizia che Dio solo può dare.

Le mie giornate non sono facili; sono dure, ma dolci, perché Gesù è con me, col mio patire, e mi dà soavità nella solitudine e luce nel buio. Lui mi sorride e accetta la mia cooperazione con Lui.

Ciao, Natalino, la vita è breve, passa velocemente. Tutto è una brevissima passerella, pericolosa per chi vuole sfrenatamente godere, ma sicura per chi coopera con Lui per giungere alla Patria.

Ti abbraccio. Tua sorella in Cristo.[85]

[85] Da *Il Volto della Speranza. Scritti di Benedetta Bianchi Porro e testimonianze*, a cura di A. M. Cappelli, Amici di Benedetta, Forlì 1997, p. 199, citato in Massimo Pelliconi, *Diventerete come Dio*, Itacalibri 2010, pp. 144-145.

La consapevolezza della brevità del tempo è una grande fonte di saggezza. Ma soprattutto è confortante la promessa del Signore: «Beati voi che piangete, perché sarete consolati» (cfr. Mt 5,4 e Lc 6,21). Nessuno ha mai potuto fare una promessa così.

Questi però sono capolavori della grazia. Il miracolo più grande infatti, più grande di qualsiasi guarigione fisica, è riuscire a vivere questi drammi così, offrendo con amore una sofferenza così grande.

Diceva Padre Pio che gli angeli questo solo invidiano agli uomini: poter offrire la propria sofferenza. Perché la croce assimila a Gesù e dunque è la scala che porta alla divinizzazione: «Dio si è fatto uomo perché l'uomo diventasse Dio» (san Tommaso d'Aquino). Sebbene agghiacciati, bisogna riconoscere che è la più grande predilezione: poter portare la croce con Lui, essere da Lui scelti...

Mesi di ghiaccio

«Occorre soffrire perché la verità non si cristallizzi in dottrina, ma nasca dalla carne.»

Emmanuel Mounier

Ho sempre amato i frizzanti tramonti di ottobre col cielo in fiamme, la liturgia festosa della vendemmia che si celebra dalle nostre parti e gli alberi variopinti di tutte le modulazioni dell'arancio e del giallo; le nebbie di novembre che sembrano far volare le cime delle mie colline, l'odore dei funghi nel bosco, questa lunga attesa innevata del Natale di Cristo.

Ho sempre amato l'autunno, ma come mi sembra fatua e crudele quest'anno ogni bellezza. E come mi colpisce la normalità della vita di tutti i passanti. Vorrei dire loro: voi felici! Quanto desidererei la semplice bellezza di un giorno normale... Quanto siamo inconsapevoli della felicità della vita quotidiana su cui invece scivoliamo ignari. E come la rimpiango! Quanto la desidererei. E chissà se tornerà un mattino sereno, non straziato dal pensiero della sofferenza di Caterina, ma semmai illuminato dalla gioia della sua guarigione...

La mia Caterina ha occhi bellissimi. Ma nei giorni di questo crudele autunno dell'anno di grazia 2009, in questa processione senza fine di giorni disabitati dalla vita, quei suoi occhi sembrano perduti in un'altra dimensione.

In un sogno da cui non riesce a svegliarsi. La sua giovinezza ora è distesa su un letto di luce e di dolore. È come una Bella addormentata. Ma crocifissa.

Per chi sta pagando? Quale mondo perverso stanno salvando i ragazzi e le ragazze crocifissi in questo reparto di rianimazione? Da quale meritato baratro ci stanno proteggendo? Quanti abissi di odio stanno colmando con l'amore? Per quanti stupidi, crudeli, per quante ciniche cattiverie, stanno espiando questi ragazzi, che sono – inconsapevolmente – le truppe scelte da Gesù in persona, i temerari, gli avventurieri del suo amore sconfinato?

In ospedale ho visto eroismo vero, quello di tanti padri e madri che, pressoché da soli, per anni e anni portano, con amore, con inspiegabile pazienza, croci indicibili. Silenziosi eroi di cui il mondo non si accorge, e che talora ritiene fastidiosi. Ma loro – in modo speciale – contribuiscono a salvare e proteggere il mondo stesso.

Mi trovo involontariamente «inviato» nelle regioni del dolore estremo e in questo panorama dolente – se un angelo tiene a guinzaglio l'angoscia – ci sono diverse cose che mi pare di cominciare a capire. Provo a balbettarle...

La prima notizia è che il mio cuore batte e anche il tuo, lettore. Il nostro cuore continua a battere. So bene che normalmente la cosa non fa notizia. Neanche la si considera. Finché non capita che a tua figlia, nei suoi ventiquattro anni raggianti di vita, alla vigilia della laurea in Architettura per cui ha studiato cinque anni, d'improvviso una sera il cuore si ferma, senza alcuna ragione. Di colpo.

Quando ti si spalanca davanti quell'abisso improvviso che ti fa urlare uno sconfinato «nooooo!!!», allora cominci a capire: è la cosa meno scontata del mondo che in questo preciso istante il cuore dei tuoi bimbi, il mio cuore o il tuo, amico lettore, pulsi.

Quante volte ho sentito don Giussani stupirci con questa evidenza: che nessuno fa battere volontariamente il proprio cuore. È come un dono che si riceve di continuo, senza accorgersi. Istante per istante dipendiamo da Qualcun Altro che ci dà vita...

C'illudiamo di possedere mille cose e di essere chissà chi, ma è clamorosamente evidente che non possediamo neanche noi stessi. Un Altro ci fa. In ogni attimo. Vengono le vertigini a pensarci. Allora si può solo mendicare, come poveri che non hanno nulla, neanche se stessi, un altro battito e un altro respiro ancora dal Signore della vita («Gesù nostro respiro» diceva un grande santo).

Certo, si ricorre a tutti i mezzi umani e a tutte le cure mediche. Che oggi sono eccezionali e personalmente devo ringraziare degli ottimi medici, competenti e umani. Ma anch'essi sanno di avere poteri limitati, non possono arrivare all'impossibile, non potrebbero nulla se non fosse concesso dall'alto e poi se non fossero «illuminati» e guidati.

Rex tremendae maiestatis... È Lui il padrone e la fonte della vita e di ogni cosa che è. E i nostri bambini e le nostre figlie sono suoi. È teneramente loro Padre. Allora – con tutte le nostre pretese annichilite e l'anima straziata – ci si scopre poveri di tutto a mendicare la vita da «Colui che esaudisce le preghiere».

Mendico di poter riavere un sorriso da mia figlia, uno sguardo, una parola... D'improvviso ciò che sembrava la cosa più ovvia e scontata del mondo, ti appare come la più preziosa e quasi un sogno impossibile... Sono pronto a dare tutto, tutto quello che ho, tutto quello che so e che sono, darei la vita stessa per quel tesoro.

Ci affanniamo sempre per mille cause, obiettivi, ambizioni che ci sembrano così importanti da farci trascurare i figli. Ma oggi come appare tutto senza alcun valore al confronto dello sguardo di una figlia, della sua giovinezza in piena fioritura...

Un gran dono ha fatto Dio agli uomini rendendoli padri e madri: così tutti possono sperimentare che significhi amare un'altra creatura più di se stessi. E così abbiamo una pallida idea del suo amore e della sua compassione per noi...

Caterina è una Sua prediletta, come tutti coloro che soffrono. E ora, mentre non si sa se si sveglierà mai e come si sveglierà (tremo a scrivere queste cose) mi torna in mente *Ojos de cielo*, che dice: «Occhi di Cielo, occhi di Cielo / non abbandonarmi in pieno volo».

Riascolto il suo canto, con il nodo alla gola, come la sua preghiera.

E specialmente quell'ultima strofa che oggi suona come un presagio: «Se il sole che mi illumina un giorno si spegnesse / e una notte buia vincesse sulla mia vita, / i tuoi occhi di cielo mi illuminerebbero, / i tuoi occhi sinceri, che sono per me cammino e guida. / Occhi di cielo...».

È con questa speranza certa che subito ho affidato il mio tesoro e la sua guarigione nelle mani della sua tenera Madre del Cielo. Per le parole, chiare e intramontabili di Gesù che ci incitano «chiedete e vi sarà dato, cercate e troverete, bussate e vi sarà aperto», che promettono «qualunque cosa chiederete al Padre nel mio nome, egli ve la darà» e che esortano a implorare senza stancarsi mai come la vedova importuna del Vangelo.

Sappiamo che la Regina del Cielo è con noi: pronta ad aprirci le porte dei forzieri delle grazie. È lei infatti il rifugio degli afflitti e la nostra meravigliosa Avvocata, che può ottenere tutto dal Figlio. Come a Cana.

Rileggo le pagine del *Trattato della vera devozione a Maria* del Monfort e *Le glorie di Maria* di sant'Alfonso Maria de' Liguori. È stupefacente come duemila anni di santi e di sante ci invitino a essere certi del soccorso della Madonna perché «non si è mai sentito che qualcuno sia ricorso alla tua protezione, abbia implorato il tuo aiuto, abbia cercato il tuo soccorso e sia stato abbandonato» (san Bernardo).

«Ogni bene, ogni aiuto, ogni grazia che gli uomini hanno ricevuto e riceveranno da Dio sino alla fine del mondo, tutto è venuto e verrà loro per intercessione e per mezzo di Maria» afferma sant'Alfonso, perché così Dio ha voluto.

Infatti «nelle afflizioni tu consoli» chi in te confida, «nei pericoli tu soccorri» chi ti chiama: tu «speranza dei disperati e soccorso degli abbandonati». Misero me se non la riconoscessi come Madre, convertendomi (questo significa: «sia fatta la tua volontà») e lasciandomi guarire nell'anima. Per ottenere anche la guarigione del corpo.

Ma quanto è commovente accorgersi di avere una simile Madre quando si sente concretamente il suo mantello protettivo fatto dai tanti fratelli e sorelle nella fede, pronti ad aiutarti, che in questi giorni implorano la Madonna per Caterina. Come non commuoversi?

Com'è misterioso che tante persone, proprio attraverso la tragedia di Caterina, abbiano compreso di avere una Madre buona che si può implorare e che non delude.

Ma è anzitutto della mia conversione che voglio parlare. Ci è chiesto un distacco totale da tutto ciò che non vale e non dura. Perché solo Dio non passa. Cioè resta l'amore.

Così quando ho saputo dei quattromila bambini del lebbrosario di un Paese del Terzo Mondo che, con i missionari (uomini di Dio stupendi e immensi), hanno pregato per la guarigione di Caterina, dopo l'emozione ho capito che quei bimbi da oggi fanno parte di me, della mia vita e della mia famiglia.

E così pure i poveri moribondi curati da padre Aldo Trento in Paraguay che hanno offerto le loro sofferenze per Caterina. Voglio aiutarli come posso.

Portando tutto il dolore del mondo sotto il mantello della Madre di Dio, affido a lei la guarigione di Caterina, perché torni a cantare per tutti i poveri della nostra Regina.

«Mia Signora, tu sola sei la consolazione che Dio mi ha donato, la guida del mio pellegrinaggio, la forza della mia debolezza, la ricchezza della mia miseria, la guarigione delle mie ferite, il sollievo dei miei dolori, la liberazione dalle mie catene, la speranza della mia salvezza: esaudisci le mie suppliche, abbi pietà dei miei sospiri, tu che sei la mia regina, il rifugio, l'aiuto, la vita, la speranza e la mia forza» (san Germano).

Stella del mattino

«Se non fossi tuo, mio Cristo, mi sentirei creatura finita. Sono nato e mi sento dissolvere, mangio, dormo, riposo e cammino, mi ammalo, guarisco, mi assalgono senza numero brame e tormenti, godo del sole e di quanto la terra fruttifica. Poi io muoio e la carne diventa polvere, come quella degli animali che non hanno peccati. Ma io che cosa ho più di loro? Nulla più, se non Dio. Se non fossi tuo, Cristo mio, mi sentirei creatura finita.»

San Gregorio Nazianzeno

Guardo Caterina immobile, inerte su questo letto. Con gli occhi chiusi. Sento le lacrime che premono per esplodere. Eppure, guardandola, bisogna saper dire, e lo diciamo con lei e per lei:

Il Signore è il mio pastore:
non manco di nulla;
su pascoli erbosi mi fa riposare,
ad acque tranquille mi conduce.
Mi rinfranca, mi guida per il giusto cammino,
per amore del suo nome.
Se dovessi camminare in una valle oscura,
non temerei alcun male, perché tu sei con me.
Il tuo bastone e il tuo vincastro
mi danno sicurezza.
Davanti a me tu prepari una mensa
sotto gli occhi dei miei nemici;
cospargi di olio il mio capo.
Il mio calice trabocca.
Felicità e grazia mi saranno compagne
tutti i giorni della mia vita,
e abiterò nella casa del Signore
per lunghissimi anni.[86]

[86] Sal 23 (22).

Bisogna ripetere queste parole, anche se inzuppate di pianto, anche contro ogni evidenza o contro la propria ribellione. Bisogna ripeterle per un motivo solo: perché sono vere. Vere più di noi, vere più delle montagne e dei mari, vere più di tutto.

Quante volte, in queste settimane, Caterina ha di nuovo rischiato la vita (e tanto altro) ed è stata, ogni volta, «ripresa per i capelli» grazie a circostanze puramente «casuali», ma che casuali non sono e rivelano un'invisibile mano materna...

Mentre un numero impressionante di persone mi scrivono perché sentono che Caterina è diventata ormai loro figlia, sorella, amica, mi sembra che ci sia chiesto dalla Madonna di sentirci padri e madri di tutti i figli crocifissi del mondo, di tutti i bambini lebbrosi, di tutti i moribondi, di tutti i derelitti abbandonati, di tutti i poveri peccatori.

Quando si è sopraffatti dalla prova si rischia di non vedere (comprensibilmente) altro che il nostro dolore, ma se solo alziamo lo sguardo troviamo sempre qualcuno che soffre più di noi o che è più solo, più abbandonato e ha bisogno di noi.

Si tratta di vivere la carità di una paternità e maternità verso questi fratelli, cioè di donare quello che continuamente viene donato a noi. S'impone per questo una scelta di povertà (che vuol dire distacco, non miseria). Come dice Gesù: «Che giova all'uomo guadagnare il mondo intero, se poi si perde o rovina se stesso?» (Lc 9,25).

«Non accumulatevi tesori sulla terra, dove tignola e ruggine li consumano e dove i ladri scassinano e rubano; accumulatevi invece tesori nel Cielo, dove né tignola né ruggine consumano; e dove ladri non scassinano e non rubano. Perché là dov'è il tuo tesoro sarà anche il tuo cuore» (Mt 6,19-21).

Dunque s'impone anche una scelta di preghiera, perché – dice Gesù – «senza di me non potete fare nulla» (Gv 15,5).

E la Madonna ci chiede di testimoniare al mondo la nostra totale fiducia in lei, il nostro completo abbandono, attraverso un affidamento instancabile, un indomito grido.

Mi è tornato in mente quanto diceva santa Bernadette, nella sua semplicità: «La Madonna ama farsi pregare». Perché la Madonna ama farsi pregare? La ragione è profonda: penso che sia perché pregare, aprendo il cuore a Lei, serve a noi, perché così può cambiarci e stringerci a sé, ottenerci grandi grazie e soprattutto convertirci. Farci ritrovare noi stessi.

Perché infine impariamo ad affidarci a Lei, con fiducia totale, senza riserve, sospetti o timori. Perché ci accorgiamo di avere una Madre, immensamente buona. Che al Figlio può chiedere tutto, quindi che può tutto. E che è la mediatrice di tutte le grazie.

Mi ha colpito fin dall'inizio che il dramma di Caterina sia cominciato il 12 settembre che era la solennità del Nome di Maria. È di certo un caso, ma mi è venuto in mente che una delle ultime cose su cui avevo lavorato, cioè il mio libro su papa Giovanni Paolo II, uscito a giugno, per uno strano presagio si conclude proprio con le parole «il nome della Vergine era Maria».

È il testo della famosa e bellissima preghiera di Bernardo di Chiaravalle proprio sul «nome di Maria», che avevo riprodotto sul finale del libro perché ci fa capire cosa significa questo affidarci alla nostra buona Madre.

Avendola scritta così di recente l'ho subito ricordata. Bernardo parla del «nome di Maria» interpretandolo come «stella del mare». Ecco le ardenti parole del grande santo:

> O tu che nelle vicissitudini della vita, più che camminare sulla solida Terra, hai l'impressione di essere sballottato fra tempeste e uragani, se non vuoi finire travolto dall'infuriare dei flutti, non distogliere lo sguardo dal chiarore di questa stella!

> Se insorgono i venti delle tentazioni, se t'imbatti negli scogli delle tribolazioni *guarda la stella, invoca Maria.* Se vieni assalito dalle onde della superbia, dell'ambizione, della calunnia, dell'invidia, della gelosia: *guarda la stella, invoca Maria.*
> Se l'ira, l'avarizia o le lusinghe della carne scuotono la navicella della tua anima *guarda la stella,invoca Maria.* Se turbato dall'enormità dei tuoi peccati, confuso per le brutture della tua coscienza, atterrito dal rigore del giudizio stai per venire risucchiato dal baratro della tristezza e dall'abisso della disperazione *guarda la stella, invoca Maria.*
> Nei pericoli, nelle difficoltà e nei momenti di incertezza, *guarda la stella, invoca Maria.* Abbi il suo nome sempre sulle labbra, tienila sempre nel cuore e se vuoi ottenere l'aiuto della sua preghiera, non tralasciare di imitarne gli esempi.
> Seguendo lei non andrai fuori strada, pregandola non dispererai, pensando a lei non sbaglierai.
> Se ella ti sostiene non cadrai, se ella ti protegge non avrai nulla da temere, se ella ti guida non ti affaticherai, se ti sarà favorevole giungerai alla meta e così potrai sperimentare tu stesso quanto giustamente sia stato detto: «*E il nome della vergine era Maria*».[87]

I santi hanno sempre saputo che tutto passa attraverso Maria. Infatti don Giussani, negli ultimi anni, non si stancava di ripetere: «Maria, tu sei la certezza della nostra speranza». E proprio questa frase era stata posta anche da Padre Pio sopra la porta della sua cella.

Del resto nelle mail che ho ricevuto ci sono decine e decine di testimonianze sulla forza della preghiera e sul soccorso che la Regina del Cielo corre a dare ai suoi figli in pericolo.

Io prego che il Signore guardi quanti cuori – anche di tantissimi giovani – si sono aperti a Lui in questa dramma-

[87] San Bernardo, *Omelia in lode alla Vergine Madre*, 2.17.

tica circostanza, grazie a una commozione per Caterina che solo Lui può aver suscitato. E che guardando l'attesa e il grido di tanti cuori, Lui li voglia consolare, rafforzando la loro fede: accogliendo la loro implorazione.

È la Chiesa stessa che ci esorta a implorare la Regina che ha le chiavi del cuore di Dio e dei suoi tesori di grazie. Paolo VI diceva: «Dobbiamo pregare e invocare di più la Madonna. Ella, come nel Vangelo, interviene presso il Figlio e ottiene da Lui miracoli».

Allora io non mi stanco di mendicare ai piedi della nostra Regina. D'altra parte, Suo Figlio ci ha insegnato a «svegliarlo anche di notte» (come dice una sua parabola, Lc 11,5-8) e a essere seccatori e petulanti con Lui...

«È il tempo dei miracoli!»

«La filosofia lo ha dimenticato troppo spesso, e da troppo tempo, che noi vogliamo rinnovare il miracolo.»

Emmanuel Mounier

Un giorno d'inverno, dell'inverno di Caterina, ho ricevuto la mail di una mamma, Antonietta, che mi riferisce quello che è accaduto a lei e alla sua famiglia.

Carissimo Antonio,

scusa se ti scrivo con confidenza, come a un fratello: ci sono a volte circostanze e avvenimenti che avvicinano fra loro persone apparentemente sconosciute (...).

Non so se avrai il tempo e la disponibilità di ascoltare la mia testimonianza sulla reale possibilità del miracolo. Nell'eventualità che tu lo faccia, spero che ti sia di aiuto per mantenere viva la forza di chiedere preghiere per la tua Caterina.

La nostra vita è cambiata da tre anni, cioè da quando Edoardo, il nostro unico figlio, a ventidue anni, ha avuto un incidente gravissimo.

Edoardo era in bilico fra la vita e la morte, con la testa fracassata e un'emorragia cerebrale in atto. Operato subito al cervello, poi per quindici lunghissimi giorni in coma, con giornate terribili in cui la situazione peggiorava sempre più e ci veniva detto che forse non si sarebbe salvato e poi che, se fosse uscito dal coma, avrebbe avuto sicuramente tutti i tipi di handicap: motorio, cognitivo, verbale, della memoria. Pensa che aveva una caviglia rotta (si vedeva benissimo), ma i medici non intervenivano. Abbiamo capito poi che lo ritenevano tempo perso!

Non sto a descriverti i pensieri di quei giorni e di quelle notti: li conosci già.

Pregavamo. Anzi, ricominciammo a pregare, visto che non lo facevamo più da tanti anni. E molte persone (anche tanti che non conoscevamo) hanno pregato per Edoardo.

Una sera mi venne in mente, come è successo a te, il miracolo delle nozze di Cana. Fu come una folgorazione, una comprensione tutta nuova del potere persuasivo di Maria su Gesù.

I medici non potevano salvare Edoardo, ma la Mamma poteva chiedere a Gesù di intervenire!

Mi aggrappai con tutte le forze a questo pensiero e ne ricevetti una speranza nuova.

E poi, improvvisamente, un miglioramento della situazione cerebrale e il risveglio! Un risveglio all'inizio un po' confuso, ma nostro figlio c'era, ed era lui, con tanti problemi di salute, ma era lui: parlava, si muoveva, ricordava! Con grande sorpresa dei medici e dei terapisti!

Solo allora corsero a ingessargli la gamba.

Noi sentimmo subito di aver ricevuto la grazia.

Pochi giorni dopo il risveglio, Edoardo (...) fu trasferito nel reparto di neurochirurgia. Qui cominciò a chiederci perché, in fondo al suo letto nella sala di rianimazione, avessero messo un'immagine a grandezza reale di Padre Pio.

Noi restammo sorpresi di questa domanda, che ci pose diverse volte, perché non c'era nessuna immagine di Padre Pio davanti al suo letto. Inoltre in casa nostra non c'erano mai state immagini di santi, né avevamo mai guardato alla televisione programmi su Padre Pio. Eravamo tanto lontani da queste cose! Eppure Edoardo è ancora convinto di aver avuto sempre, davanti a lui, questa immagine, finché è stato in rianimazione.

Ha avuto poi un periodo di riabilitazione, ma i suoi progressi sono stati veloci, perché ha mostrato fin da subito una forza straordinaria, una determinazione incredibile a riconquistare le sue capacità e a tornare a occuparsi dei suoi studi.

Poco dopo il ritorno a casa, dopo due mesi di ospedale, Edoardo ci mostrò un disegno fatto da lui e ci chiese se riconoscevamo l'ambiente che aveva riprodotto: riconoscemmo subito la sala di rianimazione, vista dall'alto, con tutti i letti dei pazienti (anche quelli che Edoardo non avrebbe dovuto vedere perché separati da paraventi), corridoi, stanze, mobili che solo chi arrivava da fuori reparto poteva aver visto. Insomma, con nostra sorpresa (e anche paura), abbiamo capito che nostro figlio aveva vissuto, durante il coma, un'esperienza di distacco dal corpo.

Tornato dall'ospedale, Edoardo riprese quasi subito a studiare, anche se non stava ancora benissimo di salute, e a dare esami all'università, cercando di riprendere il tempo perduto, fino a ottenere, a ventitré anni, la laurea di primo livello in Ingegneria. Ora sta preparando la tesi per la laurea specialistica.

Tutti i medici e gli specialisti (tanti) che hanno seguito Edoardo si sono stupiti della sua ripresa e dell'integrità delle sue capacità intellettive: tutti si complimentano con lui per come ha reagito; i credenti ci invitano a ringraziare il Signore. L'unico che non si è mostrato mai meravigliato è il neurochirurgo che l'operò, un medico credente e di una generosità straordinaria.

Questo evento ha travolto come un ciclone la nostra vita e, scaraventandoci verso una prima conversione, ha poi aperto il quotidiano e non facile cammino alla piena conversione.

Caro Antonio, so che non hai bisogno delle mie parole per credere alla reale possibilità che il Signore intervenga nella nostra vita, ma spero che questa testimonianza possa rinnovare in te, e in tutti quelli a cui vorrai farla leggere, la fiducia nel potere della preghiera.

Gridiamo con forza e insistenza: Signore Gesù, effondi il Tuo Spirito di guarigione su Caterina.

Figlio di Davide, abbi pietà di noi. Signore, se tu vuoi salvarci, puoi!

Mamma, pensaci tu! Mamma, pensaci tu! Mamma, pensaci tu!

Un abbraccio fortissimo.

Questa è solo una delle tante mail che mi riferiscono fatti analoghi. Ne accadono di continuo, dovunque. La storia della Chiesa ci dice che ne sono sempre accaduti, ma oggi forse ancora di più perché abbiamo bisogno di vedere, toccare con mano, la presenza di Gesù salvatore fra noi e il suo potere totale sul creato.

In una conversazione con alcuni sacerdoti, una volta don Giussani espresse questo pensiero che vale la pena leggere molto attentamente:

> Se siamo in un mondo scristianizzato, allora la nostra azione cristiana è come quella dei primi cristiani, è il paradigma più vicino. L'inizio del cristianesimo su che cosa era fondato? Sul miracolo. Sul miracolo era fondato. Questo è il tempo dei miracoli! Come san Pampuri:[88] dobbiamo far pregare la gente per avere i miracoli. È la prima cosa che dobbiamo fare. Non mi spiego? Dobbiamo far pregare per avere miracoli. Se si moltiplicano i miracoli, allora anche il cristianesimo si ridiffonde. Questa è la vera devozione alla Madonna, secondo me: i miracoli. «Madonna, facci i miracoli.» E i primi santi da pregare sono quelli della nostra terra e del nostro tempo.

In queste parole c'è la consapevolezza del momento storico che viviamo, in cui pure noi cattolici crediamo spesso – da pelagiani inconsapevoli – di poter convertire il mondo con i

[88] San Riccardo Pampuri (1897-1930) è particolarmente venerato da chi chiede grazie relative alle malattie, essendo lui stato medico nell'ordine Ospedaliero di san Giovanni. È sepolto nella chiesa parrocchiale di Trivolzio.

nostri progetti, con la nostra sapienza umana e le nostre capacità, mentre invece è sempre tutto e solo opera di Cristo. «Senza di me non potete fare nulla.» È solo la sua grazia che converte i cuori e governa il mondo. E nei miracoli è subito evidente la nostra povertà e la sua potenza.

Dice Tommaso d'Aquino che la grazia dei miracoli è necessaria perché i fratelli siano confermati nella fede. Il popolo cristiano questo l'ha sempre saputo e sempre, in ogni epoca e in ogni circostanza della vita, si è rivolto alla Santa Vergine, mediatrice di tutte le grazie, perché intercedesse presso il Figlio. Come pure si è rivolto ai santi, agli amici di Gesù, così pronti ad aiutarci.

Il popolo cristiano ha chiesto grazie con preghiere instancabili, con voti, pellegrinaggi, sante messe, rosari, opere di carità. E così pure noi. Anche per Caterina. Bellissimo il pellegrinaggio che i suoi amici del CLU di Firenze hanno compiuto il 25 ottobre alla Madonna di san Luca, quando Caterina era in cura a Bologna (in quella città si trova una delle migliori strutture per la riabilitazione, la Casa dei risvegli «Luca De Nigris»).

La città che fu dei papi, la città dalle dodici porte (come la Gerusalemme celeste) e con le dodici chiese degli apostoli, è dominata dall'alto dal Santuario della Madonna, che domina anche l'ospedale dove a quel tempo era ricoverata Caterina. Quell'ospedale, nel medioevo, si chiamava «Santa Maria della vita».

L'impervia salita che unisce il Santuario alla città è un cammino bellissimo fatto di portici che, mano a mano, si aprono su un panorama stupendo che va dall'appennino tosco-emiliano alle Alpi (ben visibili nei giorni limpidi). E che vede spalancarsi la pianura padana con tutta la Romagna fino al mare Adriatico. È come se salendo ai piedi della Vergine il nostro sguardo si allargasse al mondo intero.

Pochi sanno però che quei portici risalgono la collina con una forma di serpente e che il loro numero è di 666, cifra che è la metafora con cui l'Apocalisse indica la Bestia satanica.

Una volta arrivati al santuario i portici non si vedono più, si vede solo il tempio della Madre di Dio e il mondo dall'alto. Dalla città, invece, è ben visibile il serpentone dei portici sotto i piedi della Madonna, come il serpente infernale schiacciato da lei, secondo la profezia della Genesi.

È l'iconografia tradizionale dell'Immacolata Concezione, il cui «sì» a Dio vince per sempre il Maligno che ha avvelenato la storia umana. È la «Vergine potente contro il male» che tutti i suoi figli, nella prova, invocano in loro soccorso.

Così quella domenica, limpidissima e azzurra, quattrocento giovani universitari di Firenze, gli amici di Caterina hanno percorso il lungo cammino verso il santuario per mendicare la sua guarigione e la nostra conversione...

Meraviglioso, sotto quel cielo, veder salire la preghiera corale e accorata di tanti ragazzi, commovente contemplare lo spettacolo di quell'amicizia fraterna che ci rende un cuor solo e un'anima sola, struggente ascoltare i canti del coro di Caterina.

Arrivati alla meta, abbiamo ascoltato i versi di Charles Péguy dedicati a Notre Dame di Chartres, dove andò anch'egli in pellegrinaggio, partendo da Parigi, per chiedere la guarigione di un figlio.

Sono poesie-preghiere per la Madonna, figura perfetta della Chiesa:

> O regina, ecco, dopo la lunga via,
> prima di tornare sul nostro cammino,
> il solo asilo nel cavo della vostra mano
> E il giardino dove l'anima si schiude...
> Ecco il luogo del mondo ove tutto diviene facile,
> il rimpianto, la partenza e anche l'avvenimento,
> e l'addio temporaneo e la separazione,
> il solo angolo della terra ove tutto si fa docile.

Quando – dentro la tormenta della vita – si prende la via della Chiesa e si entra nella sua pace ci si scopre abbracciati, ci si sente lavati, purificati e perfino rifatti: si rinasce nuove creature. È il solo luogo del mondo dove si è amati così come si è. E dove si è perdonati di tutto. E difesi sempre.

> Noi ci siamo lavati da una così grande amarezza,
> Stella del mare e degli scogli,
> Noi ci siamo lavati da una così bassa schiuma,
> Stella della barca e delle reti.
> Abbiamo lavato le nostre teste infelici
> da un tal mucchio di sporcizia e di ragionamenti...
> Ce ne han dette tante, o regina degli apostoli,
> Abbiamo perso il gusto per i discorsi.
> Non abbiamo più altari se non i vostri,
> Non sappiamo nient'altro che una preghiera semplice.

Nell'abbraccio della Regina del Cielo c'è la sola grande consolazione:

> Ciò che dappertutto altrove è una lunga usura
> Qui non è che sostegno e crescita;
> ciò che dappertutto altrove è confusione
> qui non è che il giorno della bella avventura...
> Ciò che dappertutto altrove è un irrigidimento
> Qui non è che una fonte dolce e pura;
> ciò che dappertutto altrove è una grande pena
> qui non è che uno sgorgare limpido e profondo.

Arrivati alla Madonna di san Luca, don Andrea ha celebrato la messa e ci siamo resi conto che il Vangelo di quella domenica sembrava fatto apposta per noi: è da rileggere. Lì stanno tutte le risposte ai tanti che in quelle settimane mi chiedevano il motivo del mio insistente appello a pregare, a mendicare instancabilmente, a bussare a quella porta incessantemente...

E lì sta anche la risposta a coloro che – più o meno discretamente – mi hanno spiegato che non si deve «assillare» troppo il Signore, che potrebbe sembrare una pretesa eccetera... Come dicevano a Bartimeo quelli che – in fondo – non sapevano quanto Gesù è buono e quelli che – in fin dei conti – pensavano di risparmiare a Gesù l'imbarazzo perché non credevano che Lui poteva (e può) tutto.

Noi non pretendiamo nulla perché siamo semplicemente dei poveri mendicanti, come Bartimeo siamo lungo la strada e come Bartimeo imploriamo il Re dei Cieli che è venuto per noi, fra noi, è venuto a cercarci perché ci ama, e quando ci dicono di smetterla gridiamo ancora più forte «Figlio di Davide, Gesù, abbi pietà di me!».

Da questa pagina del Vangelo (Mc 10,46-52) si capisce bene com'è il Cuore di Gesù... Lui ascolta tutti come duemila anni fa ed ha compassione di tutti...

> Mentre partiva da Gerico insieme ai discepoli e a molta folla, il figlio di Timèo, Bartimèo, cieco, sedeva lungo la strada a mendicare. Costui, al sentire che c'era Gesù Nazareno, cominciò a gridare e a dire: «Figlio di Davide, Gesù, abbi pietà di me!». Molti lo sgridavano per farlo tacere, ma egli gridava più forte: «Figlio di Davide, abbi pietà di me!». Allora Gesù si fermò e disse: «Chiamatelo!». E chiamarono il cieco dicendogli: «Coraggio! Alzati, ti chiama!». Egli, gettato via il mantello, balzò in piedi e venne da Gesù. Allora Gesù gli disse: «Che vuoi che io ti faccia?». E il cieco a lui: «Rabbunì, che io riabbia la vista!». E Gesù gli disse: «Va', la tua fede ti ha salvato». E subito riacquistò la vista e prese a seguirlo per la strada.

Noi siamo e dobbiamo essere come Bartimeo non solo oggi, nel dolore, nella prova, ma sempre, perché quello di cui abbiamo bisogno non è solo la guarigione fisica, ma Gesù. È di Lui che abbiamo bisogno più dell'aria e più del pane. È Lui la luce e Lui è il medico e la medicina della nostra povera condizione umana... Mendicare Lui, il suo sguardo nei nostri occhi, è la vita stessa!

Infatti è bellissima la frase finale di questo brano evangelico: «E subito riacquistò la vista e prese a seguirlo per la strada». Come ci ha insegnato don Giussani: «Il protagonista della storia è il mendicante: Cristo mendicante del cuore dell'uomo e il cuore dell'uomo mendicante di Cristo».

È Lui stesso che si è fatto uomo ed è venuto tra noi per mendicare il nostro cuore, il nostro amore...

«Tutto è possibile per chi crede.»

«Le forze che muovono la storia sono le stesse che muovono il cuore dell'uomo.»

Luigi Giussani

Esageriamo? Sì. Ma come tutti i sofferenti che incontravano Gesù, duemila anni fa e che disperatamente si aggrappavano a Lui per guarire dalle loro pene. Lo assediavano. E Gesù ascoltava tutti, comprendeva tutti, guariva tutti.

Talvolta quasi gli «scippano» dei miracoli di soppiatto, come nel caso di una povera donna, ammalata da anni, che, fra la folla, gli toccò il lembo del mantello. Diceva fra sé: «Se riuscirò anche solo a toccare il suo mantello, sarò guarita». Ci riuscì. Gesù se ne accorse, si voltò verso di lei e guardandola negli occhi con tenerezza le disse: «Coraggio figliola: la tua fede ti ha salvata». Dice Matteo: «E in quell'istante la donna guarì» (Mt 9,20-22).

Tanto grande è la potenza della divinità che tracima dalla persona di Gesù, che si comunica perfino attraverso l'umile tessuto che è stato a contatto col suo corpo. E tanto potente è la fede di chi è certo che Lui può tutto...

Sono in tanti, dopo aver sentito le cose grandi che compiva, a correre da lui. A volte – riferisce l'evangelista – Gesù non aveva tempo nemmeno per mangiare qualcosa ed era sfinito dopo essere stato ore e ore ad accogliere tutti, a darsi in pasto – letteralmente – a quelle folle di cui aveva compassione.

È impressionante la quantità di miracoli riferiti nei Vangeli e lo è soprattutto la cronaca dei fatti, perché fanno capire come Gesù era ed è, e come si può attingervi ogni grazia.

Fin dal primo miracolo, alle nozze di Cana, Egli si lascia «forzare» da sua Madre che da allora si rivela essere veramente la mediatrice di tutte le grazie, la Madre che ha pietà dei suoi figli e a cui il Signore non può dire di no. Questa è la prima grandissima notizia.

La seconda è che i miracoli di Gesù sono tantissimi. Per la verità Gesù rifugge dalla spettacolarità, rimprovera chi cerca solo i miracoli (perché si perde il vero tesoro: Lui) e si nega a Erode che vorrebbe vedere gli «effetti speciali», perché Gesù cerca i cuori e la libertà dell'amore degli uomini. Eppure i Vangeli sono egualmente pieni di miracoli perché Gesù è infinitamente misericordioso e la forza della preghiera e della fede di quella povera gente spalanca il suo cuore, che non riesce a non avere compassione di loro.

Così, entrando nel villaggio di Naim, trovandosi davanti a un corteo funebre, lo strugge di pietà il pianto di una madre. Sappiamo quanto può essere disperato il pianto di una madre, già vedova, che vede morire il suo unico figlio, un giovinetto di dodici o tredici anni, e sa che l'ha perduto per sempre e non c'è più niente da fare e ora lei è sola al mondo. Tutti le saranno stati attorno, sgomenti e impotenti.

Gesù è straziato da quel dolore e subito la soccorre: «Donna, non piangere». Probabilmente le avrà preso la mano fra le sue, pensando alla propria madre. Poi va verso il corpo del figlio e – semplicemente – lo resuscita.[89] Lo resuscita!

[89] Don Luigi Giussani ha scritto pagine meravigliose su questo episodio. «"Donna, non piangere!" Che cosa inimmaginabile è che Dio – Dio, Colui che fa tutto il mondo in questo momento – vedendo e ascoltando l'uomo, possa dire: "Uomo, non piangere!", "Tu, non piangere!", "Non piangere, perché non è per la morte, ma per la vita che ti ho fatto! Io ti ho messo al mondo e ti ho messo in una compagnia grande di gente!". Uo-

Così, con la facilità con cui noi spostiamo un piccolo oggetto, come se per lui anche la morte non fosse assolutamente nulla. Manifestando un potere sovrano che nessuno ha mai avuto sulla terra. Gesù può tutto. Può veramente tutto.

Ma c'è di più: Gesù arriva a dire che la nostra stessa fede in lui può tutto. È stupefacente, ma sono queste le sue precise parole. Le pronuncia quel giorno in cui gli si fa incontro un padre affranto che ha un figlio posseduto fin dall'infanzia da uno spirito muto il quale gli provoca epilessia, lo fa schiumare in convulsioni tremende, lo getta nel fuoco e nell'acqua.

Quel povero padre implora Gesù con le lacrime agli occhi: «Se tu puoi qualcosa, abbi pietà di noi e aiutaci». Gesù è colpito dalle prime parole dell'uomo e le ripete: «Se tu puoi!». Coglie l'incertezza di quell'uomo. Così aggiunge, fissandolo negli occhi: «Tutto è possibile per chi crede». Allora quel padre subito, di slancio, ad alta voce proclama: «Credo!». Ma davanti allo sguardo di Gesù dev'essersi sentito visto nell'intimo in una frazione di secondo, sapendo che era soprattutto la disperazione a parlare in lui. Così, umilmente, aggiunge: «Aiutami nella mia incredulità».

Dunque Gesù ordina allo spirito di uscire dal ragazzo e non tornare più e quello «gridando e scuotendolo fortemente, se ne uscì». Il fanciullo rimane per terra come morto, «ma Gesù, presolo per mano, lo sollevò ed egli si alzò in piedi» (Mc 9,14-27).

Era guarito. Gesù non aveva bisogno della fede di quell'uomo per guarire suo figlio. Ma era quell'uomo ad aver bisogno di aver fede in Gesù più ancora che della gua-

mo, donna, ragazzo, ragazza, tu, voi, non piangete! Non piangete! C'è uno sguardo e un cuore che vi penetra fino nel midollo delle ossa e vi ama fin nel vostro destino, uno sguardo e un cuore che nessuno può fuorviare, nessuno può rendere incapace di dire quel che pensa e quel che sente, nessuno può rendere impotente!» Esercizi spirituali della Fraternità di Comunione e Liberazione, 5 maggio 2002.

rigione del figlio. Perché quella fede era la sua stessa guarigione e Gesù è venuto a liberare tutta l'umanità dal potere del Maligno.

Di questo episodio restano parole sorprendenti: «Tutto è possibile per chi crede!». Sono parole immense e sono state pronunciate dal Figlio di Dio, da quel Gesù che ha detto: «Passeranno il cielo e la terra, ma le mie parole non passeranno mai» (Mc 13,24-32).

D'altra parte quell'inaudita affermazione sarà da Gesù ribadita nel momento più solenne e decisivo della sua missione pubblica, il commiato, durante l'ultima cena: «In verità vi dico: anche chi crede in me compirà le opere che io compio e ne farà di più grandi, perché io vado al Padre. Qualunque cosa chiederete nel nome mio, la farò, perché il Padre sia glorificato nel Figlio. Se mi chiederete qualche cosa nel mio nome, io la farò» (Gv 14,12-14).

Se qualcuno non crede che la preghiera sia un'arma formidabile legga le parole di Gesù stesso (Lc 18,1-8):

> Disse loro una parabola sulla necessità di pregare sempre, senza stancarsi: «C'era in una città un giudice, che non temeva Dio e non aveva riguardo per nessuno. In quella città c'era anche una vedova, che andava da lui e gli diceva: Fammi giustizia contro il mio avversario. Per un certo tempo egli non volle; ma poi disse tra sé: Anche se non temo Dio e non ho rispetto di nessuno, poiché questa vedova è così molesta le farò giustizia, perché non venga continuamente a importunarmi». E il Signore soggiunse: «Avete udito ciò che dice il giudice disonesto. E Dio non farà giustizia ai suoi eletti che gridano giorno e notte verso di lui, e li farà a lungo aspettare? Vi dico che farà loro giustizia prontamente. Ma il Figlio dell'uomo, quando verrà, troverà la fede sulla terra?».

È difficile non prendere sul serio parole così impegnative da parte di colui che è la Verità stessa fatta carne. Anche un'altra volta, con un'altra immagine, Gesù ha voluto ribadirlo (Lc 11,5-13):

> Se uno di voi ha un amico e va da lui a mezzanotte a dirgli: Amico, prestami tre pani, perché è giunto da me un amico da un viaggio e non ho nulla da mettergli davanti; e se quegli dall'interno gli risponde: Non m'importunare, la porta è già chiusa e i miei bambini sono a letto con me, non posso alzarmi per darteli; vi dico che, se anche non si alzerà a darglieli per amicizia, si alzerà a dargliene quanti gliene occorrono almeno per la sua insistenza.
> Ebbene io vi dico: chiedete e vi sarà dato, cercate e troverete, bussate e vi sarà aperto. Perché chi chiede ottiene, chi cerca trova, e a chi bussa sarà aperto. Quale padre tra voi, se il figlio gli chiede un pane, gli darà una pietra? O se gli chiede un pesce, gli darà al posto del pesce una serpe? O se gli chiede un uovo, gli darà uno scorpione? Se dunque voi, che siete cattivi, sapete dare cose buone ai vostri figli, quanto più il Padre vostro celeste darà lo Spirito Santo a coloro che glielo chiedono!

Sono parole di Gesù stesso! Parole che non passano! Parole certissime in eterno! Ribadite tante volte. Sentite cosa disse in un altro episodio riportato da Marco (11,19-24):

> Quando venne la sera uscirono dalla città. La mattina seguente, passando, videro il fico seccato fin dalle radici. Allora Pietro, ricordatosi, gli disse: «Maestro, guarda: il fico che hai maledetto si è seccato». Gesù allora disse loro: «Abbiate fede in Dio! In verità vi dico: chi dicesse a questo monte: Lèvati e gettati nel mare, senza dubitare in cuor suo ma credendo che quanto dice avverrà, ciò gli sarà accordato. Per questo vi dico: tutto quello che domandate nella preghiera, abbiate fede di averlo ottenuto e vi sarà accordato.

Del resto i nostri santi ci hanno ripetuto per secoli tutto questo. Sentite il santo Curato d'Ars: «C'è un uomo più potente di Dio. È l'uomo che prega». «La preghiera è onnipotente presso Dio. Dio si conquista facilmente con la preghiera. È impossibile che Egli possa rifiutarci ciò che gli chiediamo nella preghiera.»

Anche un santo dei nostri giorni, padre Dolindo Ruotolo, dice cose identiche:

> La preghiera è l'unica forza dell'uomo ed è l'unica debolezza di Dio. L'Onnipotente è vinto dalla preghiera, dona a chi prega, conforta chi prega.

E ancora:

> L'insistenza della preghiera orienta l'anima a Dio, accresce il senso dell'umiltà, accende l'amore. Se non ti vedi esaudito non cedere alla tentazione di lasciare la preghiera: insisti con profonda umiltà, con vera fede, con forte amore.
> Tu non sei smarrito nella vita perché preghi.

C'è però un episodio del Vangelo – uno solo (Mt 15,21-28) – in cui Gesù sembra rispondere addirittura con durezza a una dolorosa implorazione dell'uomo. Una durezza che in Gesù è del tutto insolita. Come si spiega? Che cosa nasconde? E come finisce quell'episodio? È una pagina che in genere viene fraintesa. Invece è estremamente significativa. Sentiamo:

> Partito di là, Gesù si diresse verso le parti di Tiro e Sidone. Ed ecco una donna Cananèa, che veniva da quelle regioni, si mise a gridare: «Pietà di me, Signore, figlio di Davide. Mia figlia è crudelmente tormentata da un demonio». Ma egli non le rivolse neppure una parola. Allora i discepoli gli si accostarono implorando: «Esaudiscila, vedi come ci grida dietro». Ma egli rispose: «Non sono stato inviato che alle pecore perdute della casa di Israele». Ma quella venne e si prostrò dinanzi a lui dicendo: «Signore, aiutami!». Ed egli rispose: «Non è bene prendere il pane dei figli per gettarlo ai cagnolini». «È vero, Signore, disse la donna, ma

> anche i cagnolini si cibano delle briciole che cadono dalla tavola dei loro padroni». Allora Gesù le replicò: «Donna, davvero grande è la tua fede! Ti sia fatto come desideri». E da quell'istante sua figlia fu guarita.

Come si giustifica questo atteggiamento di Gesù, inizialmente così duro? Lo spiega padre Dolindo Ruotolo[90] nel suo volume di commento ai Vangeli. Egli mostra che l'episodio accade dopo uno scontro con scribi e farisei, in cui gli apostoli rischiavano di essere irretiti dai ragionamenti di costoro. Gesù allora parte e va in una regione abitata da pagani. Andò da quelle parti, scrive don Dolindo, «per indicare quello che sarebbe avvenuto in futuro e, conoscendo tutto, vi andò per mostrare con un esempio pratico agli apostoli, disorientati dalla propaganda farisaica, che cosa significasse avere fede. È evidente dal contesto» spiega don Dolindo «che Egli stesso attrasse a sé la povera Cananea, che andò a supplicarlo per la figlia indemoniata, anzi può dirsi che sia andato esclusivamente per lei in quelle contrade, non avendovi operato altro».

La povera donna aveva sentito parlare dei grandi prodigi di quell'uomo ed era andata a implorarlo per la figlia. Umilmente si gettò ai suoi piedi, lo invocò come «Figlio di David». Com'è possibile che Gesù, il cui cuore sempre si strugge di compassione, mostri, in quest'unico caso, tanta gelida indifferenza?

La donna continuò a implorare fino a far impietosire gli apostoli che, amareggiati, intervennero presso Gesù perché la esaudisse. Ma Gesù rispose loro che era stato inviato solo alle pecore perdute della casa di Israele.

«Con queste parole» spiega Dolindo Ruotolo «non intese dire di non voler esaudire la preghiera di quella donna, ma

[90] Dolindo Ruotolo (1882-1970), sacerdote con molti carismi (di cui è in corso il processo di beatificazione), stimato da padre Pio, è autore di *I quattro vangeli*, Casa mariana editrice 2006. Il commento che segue è tratto dalle pp. 345-347.

volle mostrare agli apostoli, in una durezza che li addolorava, quanto era contrario alla carità la durezza di chi s'irrigidiva in una legge esteriore senza tener conto del suo spirito. Dal Suo Cuore però partivano raggi di carità invisibili che colpirono la donna, la fecero più ardita.»

Deliberatamente «volle far sentire agli apostoli, in un contrasto con una madre supplicante, quanto fosse ingiusto il disprezzo» che scribi e farisei avevano dei pagani. «Essi vedendo quel disprezzo in confronto con Lui, carità per essenza, ne distinguevano di più l'orrore... La lezione era tutta rivolta agli apostoli titubanti: essi dovevano riconoscere che non avevano quella fede profonda che sa resistere alle prove; dovettero capire quanto superiore agli scribi e ai farisei era quell'umile donna, che aveva nel cuore un tesoro di fede nel Messia...» Il Vangelo ci informa poi che dopo questo episodio, tornato in Galilea, Gesù compì molti miracoli, guarendo ciechi, storpi, muti, consolando i loro cuori e rafforzando così la fede degli apostoli.

A questo punto padre Dolindo ricava da quell'evento un insegnamento per noi. Una stupenda intuizione che ho sentito proprio adatta a me:

«Quante volte, pregando, ci sembra che Gesù Cristo, la Madonna e i santi non ci ascoltino, e l'anima si disorienta a volte fino a sentirsi venir meno la fede! Quante volte, in questi momenti di tenebre, satana ci suggerisce che è vano pregare e ci getta in una cupa disperazione che è forse il tormento maggiore della vita! Eppure in quei momenti di oscurità, proprio allora, dobbiamo intensificare la preghiera, perché la fede esca ingigantita dalla prova ed ottenga grazie maggiori di quelle che ha richieste. Si può dire con assoluta certezza che nessuna preghiera è vana, e che quando non ci vediamo esauditi ci si prepara una consolazione più grande, temporale ed eterna. Non siamo degli abbandonati nel mondo, non siamo dei reietti, siamo figli del Padre celeste, ed Egli ci riserba il suo pane, cioè la ricchezza delle sue misericordie».

I segreti del re

Gli amici più intimi di Gesù, i santi, sono anche i più audaci nel bussare alla porta del suo Cuore. Loro sanno quanto arde per noi. C'è una frase che Lui stesso ha detto a Helena Kowalska (santa Faustina): «Oh, quanto mi è cara la tua anima! Ti tengo scritta sulle mie mani. Sei rimasta incisa nella ferita profonda del mio cuore».

Nella stessa Sacra Scrittura Dio dice: «Ti ho disegnato sulle palme delle mie mani» (Is 49,16). Come un giovane follemente innamorato di una fanciulla. Ma sappiamo che Gesù ha voluto che il mio e il tuo nome sulle sue mani fossero incisi a sangue... col sigillo dei chiodi. Per inchiodare al patibolo la giustizia divina e far vincere la divina misericordia.

Per questo lo si prega ardentemente – nell'angoscia – certi che sia impossibile che Egli resti sordo alle implorazioni e al pianto della creatura che Egli ama così tanto.

Bellissima è stata per me la scoperta della preghiera che Padre Pio usava fare, quotidianamente, forse centinaia di volte al giorno, ogni volta che doveva supplicare il Signore per qualche grazia mendicata da quel popolo dolorante che saliva fin da lui.

Dunque Padre Pio aveva una strategia formidabile. Questa sua preghiera è composta di quattro parti che, tutte, ricordano a Gesù le sue precise promesse, le sue impegnative parole e il suo indimenticabile amore.

La prima parte dice così:

«O mio Gesù che hai detto: "In verità vi dico, chiedete ed otterrete, cercate e troverete, picchiate e vi sarà aperto!", ecco che io picchio, io cerco, io chiedo la grazia...».

Al posto dei puntini di sospensione, qui e nelle parti successive, va espressa la grazia ardentemente desiderata. Segue un «Pater, Ave e Gloria», quindi l'invocazione: «Sacro Cuore di Gesù, confido e spero in Te».

La seconda parte:

«O mio Gesù che hai detto: "In verità vi dico: qualunque cosa chiederete al Padre mio nel mio nome, Egli ve la concederà!", ecco che al Padre tuo, nel tuo nome, io chiedo la grazia...».

Anche qui alla formulazione della grazia richiesta si ripete un «Pater, Ave e Gloria» e l'invocazione: «Sacro Cuore di Gesù confido e spero in Te!».

La terza parte:

«O mio Gesù che hai detto: "In verità vi dico, passeranno il cielo e la terra, ma le mie parole mai!", ecco che appoggiato all'infallibilità delle Tue sante parole, io chiedo la grazia...».

Anche qui dopo la grazia richiesta, il Pater, l'Ave e il Gloria, segue l'invocazione: «Sacro Cuore di Gesù, confido e spero in Te!».

Quarta e ultima parte:

«O Sacro Cuore di Gesù, cui è impossibile non avere compassione degli infelici, abbi pietà di noi miseri peccatori ed accordaci le grazie che ti domandiamo per mezzo dell'Immacolato Cuore di Maria, Tua e nostra tenera Madre.

San Giuseppe, Padre Putativo del Sacro Cuore di Gesù, prega per noi».

La preghiera si conclude con il Salve Regina.

Dai santi – così come dal Vangelo – ci arriva sempre

l'esortazione a non stancarci di pregare e implorare. E dalle rivelazioni private l'invito a fidarci totalmente.

Ecco le parole di Gesù stesso a Luisa Piccarreta:[91] «La turbazione non è altro che mancanza di abbandono in Me, ed Io ti voglio tanto abbandonato nelle Mie braccia, che neppure un pensiero devi avere di te stesso, ed io penserò a tutto. Non temere, il tuo Gesù non può fare a meno di prendersi cura di te, di tenerti difeso da tutto. Mi costi molto; molto ho messo in te; quindi, se i diritti sono miei, la custodia sarà tutta mia. Perciò stai in pace e non temere nulla».

Dalle rivelazioni private scopriamo pure un'altra realtà sorprendente: le grazie che il Cielo è pronto a donare sono infinitamente più di quelle che vengono richieste. Lo dice Gesù stesso a santa Faustina Kowalska:

«Il Mio Cuore è stracolmo di Misericordia per le anime e soprattutto per i poveri peccatori. Oh, se riuscissero a capire che Io sono per loro il migliore dei padri; che per loro è scaturito dal Mio Cuore Sangue e Acqua, come da una sorgente strapiena di Misericordia; che per loro dimoro nel tabernacolo e come Re di Misericordia desidero colmare le anime di grazie, ma non vogliono accettarle. Vieni almeno tu il più spesso possibile a prendere le grazie che essi non vogliono accettare e con ciò consolerai il Mio Cuore».[92]

Ma questo segreto del Cielo era già stato rivelato dalla Madonna a santa Caterina Labouré, a Rue du Bac, come abbiamo visto. Voglio ricordare precisamente cosa accadde.

Caterina Labouré, suora di ventiquattro anni oggi proclamata santa, abbagliata da quella giovane donna («la sua bellezza è tale che mi è impossibile descriverla») ha raccontato questo significativo colloquio:

[91] Mistica del Novecento di cui è in corso il processo di beatificazione.

[92] Santa Faustina Kowalska, *Diario*, Libreria editrice vaticana 2001, p. 156.

«Ad un tratto, le dita della Santissima Vergine si riempirono di anelli ricchi di pietre preziose bellissime che scintillavano come raggi lucenti. La luce che ne usciva avvolgeva la Santa Vergine in modo che non si vedevano più né l'ultimo lembo della veste, né i piedi. Le gemme erano di varia grossezza e i fasci di luce che ne uscivano più o meno splendenti... E la voce dolcissima aggiunse: "Questi raggi sono il simbolo delle grazie che io spando sulle persone che me le domandano"».

E poiché la veggente si meravigliava del fatto che alcune di queste pietre preziose non emanavano luce, le fu risposto: «Sono le grazie che non mi vengono domandate».

Perciò la Supplica della Medaglia miracolosa, fatta il 27 novembre, fra l'altro, recita: «O Consolatrice degli afflitti, che già ti inteneristi sulle nostre miserie, guarda ai mali da cui siamo oppressi».

Il popolo cristiano ha sempre cercato rifugio nella Madonna e sono stati i suoi santi ad esortarlo ad aver sempre fiducia nella Madre di Cristo.

Sant'Alfonso Maria de' Liguori, ne *Le glorie di Maria*, fondamentale opera del grande Dottore della Chiesa, fa capire in modo travolgente chi è nostra Madre e com'è il Suo Cuore e quanto è accorata con noi poveracci...

Commentando il versetto del *Salve Regina* che dice «Ad Te clamamus, exules filii Hevae» (a Te ricorriamo, esuli figli di Eva), sant'Alfonso fa capire perché bisogna pregare senza stancarsi mai e perché non si deve pensare assolutamente che Lei sia sorda al nostro grido di aiuto:

> Poveri noi che andiamo errando in questa valle di lacrime... piangendo, afflitti da tanti dolori... Ma beato chi in mezzo a queste miserie si volge spesso verso la consolatrice del mondo, rifugio degli infelici, e invoca e prega devotamente la celeste Madre di Dio!
> «Felice l'uomo che mi ascolta, vegliando alla mia porta ogni giorno» (Pr 8,34). Beato, dice Maria, chi ascolta i

> miei consigli e resta accanto alle porte della mia misericordia invocando la mia intercessione e il mio soccorso! (...) Questo desidera Maria da noi, di essere sempre invocata e implorata, non per mendicare da noi omaggi e onori, troppo al di sotto dei suoi meriti, ma affinché così, crescendo la nostra fiducia e devozione, essa possa maggiormente soccorrerci e consolarci. «Ella cerca quei devoti» dice san Bonaventura «che ricorrono a lei con fervore e reverenza. Questi predilige, nutre, accoglie come figli».

Sant'Alfonso cita anche le parole del Novarino: «Il Signore vola subito in aiuto di quelli che glielo chiedono, mantenendo fedelmente la promessa che ci ha fatto "chiedete e otterrete", così Maria vola in nostro aiuto» quando la invochiamo.

E perfino quando non la invochiamo. Dunque «se Maria anche non richiesta è così pronta a soccorrere nei bisogni, che cosa non farà quando la si implora?».

Bernardino da Busto afferma addirittura che «la nostra Regina vuole concedere a noi le sue grazie più di quanto noi desideriamo riceverle».

È per questo che ripetiamo il bellissimo *Memorare* di san Bernardo di Chiaravalle per aiutare Caterina:

> Memorare piissima Virgo Maria, a saecula non esse auditum quemquam ad tua currentem praesidia, tua implorantem auxilia, tua petentem suffragia esse derelictum.
> Ego, tali animatus confidentia, ad te, Virgo virginum Mater, curro; ad te venio, coram te gemens peccator assisto.
> Noli, Mater Verbi, verba mea despicere, sed audi propitia et exaudi. Amen.[93]

[93] «Ricordati, piissima Vergine Maria, che non si è mai udito che alcuno sia ricorso alla tua protezione, abbia implorato il tuo aiuto, abbia cercato il tuo soccorso e sia stato abbandonato. Animato da tale confidenza, a te ricorro, Madre Vergine delle vergini, da te vengo, dinanzi a te mi prostro, gemendo peccatore. Non volere, Madre di Dio, disprezzare le mie parole, ma ascolta benevola ed esaudisci. Amen.»

Testimonianze

«Qualsiasi sia la nostra situazione, qualsiasi sia il nostro momento, tutto è abbracciato. È come se il Signore ci dicesse: "Ma perché non cedi? Perché hai paura? Non usare la tua storia contro, ma guarda cosa è successo! Mai hai avuto un'esperienza di pazienza più grande che quando ti sei abbandonato, quando hai ceduto, come un bambino".»

Julián Carrón

Un gruppo cattolico, i Crociati dell'Immacolata, nei primi giorni di questa dura prova, mi ha scritto:

Caro fratello Antonio, lo sappiamo che è dura... Sappiamo che stai soffrendo molto, ma non dubitare, sarai soddisfatto molto presto. Noi uomini abbiamo una sola forza: la preghiera. Dio ha una sola debolezza: la preghiera. Non convincerti delle condizioni neurologiche di Caterina, non rassegnarti a quanto la scienza e i medici dicono giustamente in questi casi dolorosi. Lo so, è dura crederci, ma abbi fede e poi ti ricorderai di queste parole. Gesù è Dottore e Medicina. Gesù è scienza infusa. Noi tutti crociati ogni giorno recitiamo un rosario per Caterina e anche stasera adoreremo Gesù con sulle labbra un solo nome... Caterina Caterina Caterina.

Abbi fede, caro fratello Antonio. Maria, la nostra Mamma Celeste, ha un anello pronto ad illuminarsi solo per lei. Vedrai come Caterina si riprenderà totalmente e senza alcuna ombra da questa esperienza che Iddio ha voluto per Lei per renderla perfetta nella testimonianza cristiana. E che ha voluto anche per te... per dar più frutto ai tuoi libri preziosi, in cui la tua mano è la penna, ma la mano vera è di Maria, che ti usa come proprietà Sua. A tutti noi crociati dell'Immacolata si unisce tutto l'ordine dei Frati Francescani dell'Immacolata. Ti prometto che nella nostra RadioBuonConsiglio ogni giorno dedicheremo minuti per chiedere preghiere per Caterina. Per Lei si celebrano tante messe.

Ps: Mandiamo tutti noi, i nostri Angeli Custodi in quella stanza dell'ospedale di Firenze in cui Caterina aspetta di svegliarsi e riprendersi totalmente, per dare gloria a Maria e dimostrare a tutti la potenza della preghiera e della fede. Un abbraccio dai tuoi fratelli Crociati dell'Immacolata!

Tanti sono stati i messaggi così. Ma in questi mesi cupi quello che ci ha confortato e riempito di speranza sono state anche le mail di persone che sono passate dal nostro stesso calvario e che si sono sentite dire «non c'è nessuna speranza». Ma che poi hanno visto sorgere l'alba.

Fra le altre ne ricordo qualcuna. Per esempio una signora, garantendomi la sua preghiera costante per Caterina, mi scrive di una sua conoscente che dopo un grave incidente è rimasta in coma vigile per due anni. Secondo i neurologi interpellati, fra i migliori su piazza, non c'era nessuna speranza.

Il marito però non si è mai arreso, convinto che ci fossero altre possibilità. Così è riuscito a contattare il famoso professor Leopold Saltuari, di Innsbruck, che è venuto in Italia per visitare la signora e ha dato delle speranze. In effetti, ha cambiato le terapie e dopo poco tempo, al marito che le diceva: «Ti amo! Senza di te non so cosa potrei fare», la signora ha risposto: «Anch'io ti amo!». Era la prima volta, dopo due anni.

La mail si conclude incitandomi ad aver fiducia perché «la nostra Madre ci è sempre vicina».

Un'altra storia che mi ha colpito è quella che mi ha scritto Alberto Reggiori. La sua testimonianza mi ha commosso in modo speciale perché dalla semplicità del suo racconto traspare una storia stupenda, una fede e una gratuità meravigliose:

Carissimi Antonio e Alessandra,

vorrei dirvi che vi sono molto vicino anche e soprattutto perché il percorso che state facendo è stato anche il nostro: mio e di mia moglie Patrizia e dei nostri sette figli, quando, nel 2007, mentre eravamo agli Esercizi della Fraternità,[94] *nostro figlio Giulio (allora diciottenne) ha avuto un incidente gravissimo ed è rimasto in coma per due mesi.*

Noi siamo di Varese. (...) In questo momento sono in Sud-Sudan per tre settimane in un progetto AVSI *(sono medico). Io non ho notizie recenti della vostra Caterina e potrei dire anche cose fuori luogo, nel caso perdonatemi.*

Quando ci hanno comunicato dell'incidente di Giulio ho subito pensato che Dio c'entrava, si era fatto vivo e non era certo un caso. Abbiamo avuto la certezza assoluta che eravamo in un cammino particolare e forse privilegiato. La fede che Lui ci ha donato insieme alla croce da portare (sempre faticosa e dolorosa) ci ha sostenuto ed ora guardando indietro sono pieno di stupore.

Quando siamo passati attraverso momenti difficili (i medici che ci negavano ragionevoli speranze, i parametri che tu ben conosci erano a livelli incompatibili con la vita, il cervello di Giulio che alla Tac era «un colabrodo») io e Patrizia ci siamo detti che continuavamo a sperare nella bontà di Dio, nel suo amore verso il destino nostro e di Giulio. Certi, non di un destino buono generico, ma della guarigione del nostro grande Giulio.

Abbiamo chiesto, così come eravamo capaci, insieme a decine e centinaia di amici (ogni sera il rosario al Sacro Monte vedeva anche duecento persone salire come mendicanti per chiedere a Maria la sua pietà; fuori dalla rianimazione era una processione continua). Anche per noi sono diventati familiari i brani del Vangelo in cui Cristo ci invita a pregare il Padre con insi-

[94] Alberto Reggiori si riferisce agli annuali Esercizi spirituali della Fraternità di Comunione e Liberazione.

stenza, sperando contro ogni speranza: la vedova importuna, il cieco che grida «figlio di Dio, abbi pietà di me», l'amico che bussa di notte, il centurione che chiede la guarigione... tutti loro erano, anzi sono, la nostra voce.

Abbiamo pregato e chiesto di giorno e di notte, letteralmente, senza smettere e devo dire che quel periodo della nostra vita è stato così importante perché il Signore ci ha toccato e la sua presenza ha lasciato il segno che non possiamo né vogliamo più toglierci di dosso. Ringrazio ogni giorno per quello che è successo, questa forse è la vera follia della croce.

Adesso Giulio, dopo due mesi di coma, sei operazioni, nove di carrozzina e una rieducazione che continua sino ad oggi ha recuperato tanto, quasi tutto, ed è un miracolo la sua presenza per noi, la sua costante letizia, il suo affidarsi a noi e agli amici, l'essere sempre sorpreso davanti alla vita, senza pretesa, lui, che prima era così diffidente e permaloso.

A posteriori possiamo dire che forse era necessario passare attraverso questa misteriosa e potente purificazione. Comunque adesso in ballo ci siete voi, e la vostra bella e brava Caterina e noi vi siamo vicini, come se ci conoscessimo da sempre e vi rassicuriamo: non perdetevi d'animo e continuate a sostenervi a vicenda nel coraggio della Fede in Colui che non vi delude. Sperando di incontrarci, prima o poi.

Un abbraccio ed una preghiera dal profondo dell'Africa.

Ho voluto saperne di più. Mi incuriosiva che il dottor Reggiori mi avesse scritto dal Sud Sudan, una regione devastata da trent'anni di guerra che il regime islamista del Nord ha proclamato contro le popolazioni cristiane e animiste del Sud.

Così ho chiesto informazioni e Alberto mi ha spiegato:

Io e Patrizia abbiamo trascorso oltre dieci anni in Uganda con progetti AVSI *(tre dei nostri sette figli, Giulio compreso, sono nati là) ed è rimasta una grande affezione per molte persone incontrate nella nostra storia laggiù, oltre che per il bellissimo Paese.*[95]

Io, da quando siamo rientrati definitivamente in Italia nel 1996, vado ogni anno per circa un mese usando le ferie a lavorare in progetti AVSI. *Quasi sempre in Uganda, ma nel 2009 in Sud-Sudan e quest'anno ad Haiti dopo il terremoto. In Sud-Sudan c'è una clinica di suore africane che stiamo trasformando in piccolo ospedale ed una grande scuola che sosteniamo. Là risiedono cinque volontari italiani di* AVSI.

È un territorio selvaggio che esce da trent'anni di guerra civile (arabi contro neri cristiani) e che è spaventosamente arretrato (la gente dei villaggi vive ancora quasi nuda e nelle capanne), ma che ha anche un grande fascino perché è possibile incontrare persone inaspettate e condividere con loro quanto abbiamo di caro; il luogo è circondato da montagne. Io seguo l'aspetto medico insieme ad altri medici italiani e ad un medico ugandese che lavora là.

La storia di Alberto mi ha colpito. Non solo perché mostra che c'è un popolo di uomini e donne straordinari, sconosciuto ai media, ma anche perché è accaduto un dramma come quello di Giulio proprio a una famiglia così meravigliosamente cristiana, che con sette figli ha fatto della propria vita un dono e di continuo sacrifica se stessa per i fratelli più poveri e sofferenti.

Perché il Signore ha lasciato che fossero provati in modo tanto duro proprio loro che già stavano dando tutto per Lui? Ancora una volta – come diceva il salmista – sembra che gli avversari, trionfanti e baciati dalla fortuna, possano dileggiare i figli di Dio colpiti e affranti, chiedendo loro: dov'è il vostro Dio? È così che il vostro Dio vi benedice? È questa la sua bontà?

[95] Scoprirò poi che Alberto Reggiori ha raccontato la storia degli anni in Uganda in un libro affascinante: *Dottore è finito il diesel*, Marietti 2004.

Essere colpiti nei propri figli, giovani e innocenti, è infinitamente più atroce delle prove e delle malattie che ci toccano direttamente. Sono gli altri nostri figli, educati fin da piccoli ad amare il nostro Dio infinitamente buono, che ci pongono domande terribili: «Papà, ma perché Dio ci ha fatto questo? Perché proprio a noi che da sempre lo preghiamo, lo amiamo, lo serviamo?».

Non so se Alberto e Patrizia si siano sentiti porre queste domande, ma so che subito – come si è visto – hanno cominciato a implorare instancabilmente il Signore per la guarigione di Giulio. E sono stati esauditi.

Però quelle domande sono pesanti. Conosco bene le risposte immediate che si danno (Dio prova coloro che più predilige, eccetera), ma credo che risposte così – quando sono frettolose e meccaniche, preconfezionate – alla fine rischino di sfiorare il cinismo. Penso che sia facile, troppo facile, per chi non sta inchiodato a una croce, fare baldanzose conferenze sulla croce.

Ma altro è parlare della croce, altro è starci. Pontificare sulla croce altrui – anche con argomenti giusti – rischia di essere disumano e quindi profondamente anticristiano se non è fatto con quella compassione che fa sentire sulla propria stessa carne la sofferenza dei fratelli.

Bisognerebbe imparare piuttosto a far silenzio e a dire la sola cosa umana, quindi la sola cosa cristiana, quella che hanno detto ad Alberto e Patrizia i loro amici, che è la stessa cosa che hanno detto a me: «Io sono con te».

Mi pare sia la sola cosa umana e cristiana. Infatti è precisamente quello che ha «detto» Dio. Lui davanti alla tragedia degli uomini non ha fatto conferenze: è venuto giù dal Cielo. Ha detto: «Io sono con te». E ha aggiunto: «Ogni giorno, fino alla fine dei tempi». E ha preso sulle sue spalle le nostre croci. E ha pagato per noi. Non ha fatto conferenze sulla croce, ma si è caricato la croce. Il gigante che attraversa le pagine dei vangeli è folle di amore per me, per te fratello mio che stai leggendo ora!

E col battesimo – come dice Julián Carrón – ha iniziato la sua lotta per noi come *Vir pugnator*, per farci tutti suoi fino all'ultimo atomo e strapparci al Malvagio. È così che il Leone di Giuda vince e vincerà definitivamente. Morendo per noi.

Infatti non è venuto a giudicare o rimproverare chi si sentiva schiantare sotto la propria croce, ma è venuto come il Buon Samaritano a caricarsi sulle spalle quell'uomo ferito e moribondo, è venuto a curare, fasciare, guarire, a consolare: «Venite a me, voi che siete afflitti, e io vi ristorerò».

A noi è capitato che delle persone che neanche conoscevano Caterina, oltre a pregare per lei abbiano addirittura chiesto a Dio un po' della nostra croce e ci sono state persone che – nell'intimità della preghiera e davanti a un sacerdote – si sono perfino offerte al posto di Caterina. Ho una quantità di testimonianze che lasciano sconvolti. Persone che – dovendosi operare per gravi patologie, come il tumore – hanno offerto per Caterina, e perfino dei morenti, ormai allo stadio terminale, che hanno offerto i loro estremi patimenti e la loro morte per questa fanciulla mai vista. Sono cose vertiginose, cose dell'altro mondo. Letteralmente. Ma questo sono i cristiani.

Ci siamo sentiti minuscoli e meschini davanti alla loro bellezza. Ecco, per esempio, cosa mi ha scritto Luisa:

Ciao Antonio e ciao Alessandra,

sabato ero a Bologna per l'incontro mariano di preghiera[96] *e vi ho tanto pensato, soprattutto nel momento dell'apparizione ho pregato tanto per Caterina, ho implorato la grazia per voi.*

Coraggio, siete due genitori meravigliosi, io mi immedesimo nella vostra prova perché la conosco, l'ho vissuta sulla mia pelle. Ho chiesto a Gesù di darmi la vostra Croce per un po', vorrei

[96] Un incontro dei gruppi di Medjugorje con quindicimila persone. Erano presenti alcuni veggenti.

essere il vostro cireneo per sostenervi e farvi riprendere un po' fiato.

Coraggio, coraggio ve ne serve tanto, non mollate, non siete soli, siamo in tanti a pregare per Caterina e per voi.

Vi voglio bene.

Non è straordinario che esistano persone così, che esista un popolo così?

Ricordo qualche altra mail – fra le tantissime – che ci hanno incitato, nei momenti peggiori, a non mollare mai, ad avere fede instancabilmente. Con bellissime testimonianze.

Una giovane mamma mi ha scritto:

In questi giorni di digiuni e di preghiera per Caterina, ho pregato anche per mio marito che aveva un sacco di guai. Anche Padre Pio. Mio marito ha ottenuto una grossa grazia e mi ha detto: «Mi devo convertire, perché la preghiera funziona. È tutto vero». Grazie ancora per quello che ci racconti e che ci converte tutti. Continuiamo a pregare e a digiunare per Caterina.

Poi ha aggiunto questo post scriptum:

Mio figlio più grande, ora ha sette anni, è nato con un cesareo d'urgenza e ha avuto una gravissima asfissia alla nascita. Al momento cruciale in cui abbiamo dovuto fare gli esami neurologici (a tre mesi) tremavamo tutti. Dalla sua nascita però io, in particolare, e poi i nostri amici, l'ho affidato alla Madonna, iniziando a pregare il rosario.

Mio figlio non solo sta benissimo, ma l'anno scorso quando all'inizio della scuola ha dovuto rifare l'elettroencefalogramma e alcuni test per vedere se tutto era normale nell'apprendimento è risultato addirittura di una intelligenza brillante, ha preso il punteggio massimo. La neurologa del SIM infanzia mi ha det-

to: «Ma vi siete resi conto che avete ricevuto un miracolo?». Sì, lo sappiamo. Lei veramente ci ottiene tutto da suo Figlio e guarirà Caterina, sta' sicuro.

Una storia riferita con semplicità e poche parole, ma una storia immensa. Dietro queste poche righe si possono intuire i tantissimi giorni di dolore, di ansia, di disperazione e una grande fede, un abbraccio misterioso che ha sostenuto, carezzato, confortato...

Non trovo le parole per commentare alcune delle mail che ho ricevuto (ma ce ne sono tante così). Ecco, per esempio, quella di Maurizio:

Carissimo e gentile Antonio,

sono un uomo di cinquant'anni, cieco, e seguo la vicenda di sua figlia dall'inizio: le assicuro che la sto condividendo con lei in tutta la sua drammaticità e dolore.

Sono un catechista e con mia moglie (anche lei non vedente parziale) svolgiamo questa missione da quasi vent'anni.

Volevo assicurarle la mia preghiera e quella della mia famiglia, inoltre quella dei «nostri» ragazzi.

Le siamo vicini perché anche noi abbiamo dei figli e possiamo solo immaginare cosa vuole dire vivere questo immenso dolore.

Anche noi siamo pieni di mali, ma come lei li offriamo al Signore Gesù e confidiamo che il Signore faccia svegliare prestissimo Caterina e che torni la ragazza che lei conosce.

Ascolto spessissimo il canto eseguito dalla sua figliola e ogni volta, oltre a commuovermi, mi fa «vedere davvero» gli occhi della nostra Mamma dolcissima.

Coraggio Antonio, sono sicuro che molto presto il suo «fiore» tornerà in tutta la sua bellezza.

Un abbraccio fortissimo e con tantissimo amore nel Signore Gesù.

Con stima e affetto.

Con commozione gli ho risposto, ringraziando e assicurandogli a mia volta le preghiere. E lui mi ha scritto ancora:

Proprio ieri sera durante un incontro di preghiera davanti al Santissimo ho messo davanti al Signore Gesù la nostra Caterina e gli ho chiesto di farla risvegliare (...). Spero che ci ascolti, «nulla è impossibile a Lui». (...)

Lunedì farò catechismo ai ragazzi di prima superiore che si stanno preparando alla Cresima e farò pregare tutti i ragazzi per Caterina.

Dai, che ce la facciamo!!! Niente fanatismo, solo l'esperienza che Lui ci stupisce sempre.

Mi sono ritrovato nel pensiero che il Signore ci «usa» soprattutto nei momenti bui.

I bambini del catechismo mi chiedono sempre perché Gesù non mi fa tornare la vista e io gli dico che al Signore in questo momento «servo» così e che non immaginano quanto Gesù mi colmi di attenzioni e tenerezze proprio come un papà riempie d'amore i figli più deboli.

Stai sicuro che Gesù e Maria stanno accarezzando Caterina e non appena avranno deciso che le coccole saranno finite ce la restituiranno più bella di prima.

Scusami la lungaggine ma mi sentivo di dirti queste piccole cose che spero servano a sollevarti un pochino nella certezza che non sono parole da ostentare ma penso ispirate da chi non può dirtele di persona ma che ci ama alla follia.

Grazie per la pazienza.

Ecco un'altra lettera sorprendente:

Caro Antonio Socci, sono rimasta molto colpita da quanto è successo a Caterina. Me lo spiego solo con il fatto che il Signore sta mettendo molti alla prova, forse per avere testimonianze di vera fede e per vagliare il cuore di chi si dice cattolico.

La persona che mi scrive racconta poi di aver iniziato, il 24 settembre, la novena di santa Teresina per Caterina e di avere, in effetti, ricevuto un mazzo di rose, secondo quanto promesso dal Cielo alla santa, nel caso in cui la grazia fosse stata accordata. Conclude:

I tempi sono di Dio, ma Lui è un Dio fedele, non manca mai alle sue promesse! Voi continuate a pregare e a sperare. Caterina guarirà.

Questa persona solarc e fiduciosa che mi scrive così, poi, accenna qualcosa di sé. E qui arriva la sorpresa maggiore. Anzitutto si scopre che ha dedicato anni a quelli che chiama pudicamente «compiti caritativi» e che io penso siano stati anni di grande dedizione («il Signore mi ha mandato dei compiti caritativi e l'averli svolti con tutto il mio cuore e tutte le mie forze li ha fatti diventare le esperienze più belle della mia vita. Quindi fiducia: questa attesa sarà piena di buoni frutti»).

Poi aggiunge candidamente:

Ora Dio mi ha mandato una nuova prova: sono stata appena operata di carcinoma al seno con metastasi ai linfonodi dell'ascella destra, che sono stati tutti asportati. Non mi lamento, anzi, sono serena e gioiosa perché so che questa sofferenza servirà per una maggior gloria di Dio.

Chiedo solo preghiere, che sono l'alimento per questa forza.

Un'altra mail – stavolta da un padre – e un'altra storia struggente:

Caro Antonio,

non ho avuto modo di conoscerla di persona, ma la seguo sempre nei suoi scritti sui giornali e in televisione. Ho letto oggi sul giornale la sua lettera aperta e sono rimasto particolarmente colpito da questa mannaia che in un momento ha sconvolto una famiglia. In questo caso la vostra famiglia.

Ha ragione lei, non ci sono parole, ma solo (per chi crede) preghiere e preghiere. Noi abbiamo appena superato per fortuna un momento terribile con la nostra ultima nipotina. La piccola ha subito in poche settimane due interventi a cuore aperto della durata di circa dieci ore l'uno.

Inoltre durante una visita di controllo, ha avuto un infarto. Il massaggio cardiaco è durato ben settanta minuti (!!!), tempo assolutamente fuori da ogni logica della scienza. La piccola era stata considerata assolutamente spacciata e comunque nel migliore dei casi, con gravissimi danni cerebrali. Tutto questo accadeva pochi mesi fa, oggi non vi è traccia di nulla, il cervello non presenta nessuna alterazione. Il caso è stato considerato unico al mondo e la sua cartella clinica in questo momento si trova presso tutte le facoltà di medicina del mondo. Tutti i medici che l'hanno curata la considerano miracolata in quanto tutto quello che è accaduto non ha riscontri scientifici.

Caro, mi sono permesso di renderla partecipe di quello che aveva sconvolto la nostra famiglia e che ora è un brutto, bruttissimo incubo. Per tutto quel periodo abbiamo cercato fortemente, tenacemente, con tutta la nostra forza di invocare tutti i nostri cari che ora non sono più con noi, tutti i Santi e soprattutto il mio Angelo Custode.

Io credo fermamente in questa figura. Certo non si possono dare delle certezze, ma lo sento vicino nei momenti difficili e finora non mi ha mai lasciato solo. Le auguro dal profondo del mio cuore che qualcuno lassù ascolti le vostre preghiere e le vostre suppliche. Forse non servirà molto ma da questo momento nelle nostre preghiere Caterina avrà un ruolo primario. Vi abbraccio con particolare affetto.

Un altro padre, Domenico, un'altra storia dolente avvolta da una grande luce:

Caro Antonio,

sono il padre di un bimbo di quattro anni affetto da una grave patologia oncologica.

La patologia è stata diagnosticata al piccolo lo scorso anno e quando i medici ci hanno dato la notizia ci è letteralmente caduto il mondo addosso. Poi con la preghiera e l'aiuto di Maria Santissima piano piano siamo andati avanti, giorno per giorno. In questi mesi il bambino è stato sottoposto a pesantissime terapie che in molti casi hanno messo a dura prova la sua stessa sopravvivenza, ma non vi era altra alternativa per curare la sua patologia.

Adesso è passato un anno e le cose pian piano cominciano ad andare meglio, i medici finalmente sono sorridenti e ci danno speranze di guarigione, i colloqui con loro non ci fanno più gelare il sangue nelle vene.

Lo scoramento e la tenerezza che ho provato quando il piccolo è stato sottoposto alle varie chemioterapie e il suo corpo inevitabilmente si indeboliva fino al massimo livello tollerabile, è indescrivibile, così come pure il senso d'impotenza che ho provato in quei momenti.

Tuttavia, di una cosa sono certo, che in quei momenti l'aiuto di Maria è stato grandioso anche perché, a dispetto della difficile situazione che ho affrontato e sto affrontando, ho provato un senso di pace e di tranquillità che solo il santissimo amore di Maria e di Nostro Signore può donare, in queste circostanze. È come abbandonarsi alla tempesta degli eventi, come un naufrago che inerme si lascia condurre dalla Mano di Dio verso la spiaggia della sua salvezza.

Affidati a Maria, caro Antonio, Lei è grandissima e soffre con noi e per noi. Un caro saluto.

Impossibile qualunque commento... Ma una constatazione: in questi mesi abbiamo incontrato tante persone così. Persone comuni, di cui i giornali non parlano, ma persone eccezionali. Capaci di portare pesi schiaccianti, sconfinati, per anni. Capaci di un amore, di un eroismo, di una pazienza e di una fede che lasciano letteralmente senza parole. Ci siamo sentiti tanto piccini davanti a loro. E privilegiati per l'immenso aiuto che abbiamo ricevuto da tanti.

Poco fa ho accennato a persone che pur non avendo mai conosciuto Caterina, hanno offerto per lei, per la sua guarigione, qualcosa di immenso. Anche in questo caso è impossibile ricordarle tutte e talvolta neanche potrei, per discrezione.

Tutti hanno e avranno la mia preghiera, fino all'ultimo dei miei giorni. Fra le tante voglio raccontare la storia di Marco e Monica, che è semplicemente stupefacente.

Le rose della Porziuncola

«Laudato sii, mi' Signore...»
Francesco d'Assisi

Devo confessarvi che c'è un luogo al mondo che mi è caro in modo speciale: è la Porziuncola, la minuscola chiesina di pietra ricostruita da Francesco d'Assisi con le sue mani e oggi racchiusa nella grande basilica di Santa Maria degli Angeli, nella vallata che corre ai piedi di Assisi.

È un luogo speciale. Mi è caro per un'infinità di motivi. Prima di tutto perché quello era il luogo più caro a Francesco, lì ha vissuto i suoi primi anni di solitudine e lieta povertà, lì ha cominciato e veder arrivare uno dopo l'altro tanti fratelli, un ruscello che in poco tempo è diventato un fiume impetuoso e lì è morto. Soprattutto, lì Francesco ha avuto la rivelazione che la Regina del cielo e della terra aveva scelto proprio quella minuscola e poverissima chiesina come la sua reggia universale: scelta perfetta, perché lei è la più umile delle creature (e perciò la più alta).

Lì, la Regina degli angeli e Gesù hanno accordato a Francesco – per la sua commozione dovuta all'immensa misericordia del Signore – quella mirabile grazia che fa della Porziuncola un luogo unico in tutta la cristianità: l'indulgenza plenaria ogni giorno, fino alla fine dei tempi. Quella piccola chiesina di pietra è dunque veramente la «porta del paradiso», come recita la scritta che sta sull'arco d'ingresso.

Ebbene, mi sono reso conto che le svolte decisive della mia vita, «casualmente», sono accadute in coincidenza con alcuni miei passaggi dalla Porziuncola. Negli ultimi anni poi mi sono sentito letteralmente chiamato lì dalla Regina degli angeli. Lì, ai suoi piedi, ho consegnato il mio cuore, le mie preghiere più accorate, ciò che vivevo, a lei ho affidato le persone più care volate in cielo.

Con tutto questo il 22 settembre, dieci giorni dopo il dramma di Caterina, in piena tempesta, pur fra centinaia di mail che mi arrivavano, non poteva non colpirmi questa, che mi rammentava appunto la Porziuncola.

Non conoscevo Marco, la persona che me la inviò. Ma ecco cosa mi scrisse:

Caro Antonio,

Non ti ho scritto prima perché... Non so perché... Ma ho pregato per Caterina, nella Porziuncola di Santa Maria degli Angeli ad Assisi, tutti i giorni, quando ho potuto anche più volte al giorno.

Ma ora, dopo aver ascoltato il brano con la voce di Caterina, non posso non scriverti e lo faccio tra le lacrime che solcano il viso (...). Spero che le mie invocazioni alla Santa Madre, al fratello Francesco, alla sorella Chiara, con l'aiuto di alcuni religiosi e religiose di Assisi, possano unirsi alle vostre come un unico canto d'amore e di lode affinché possiamo di nuovo riascoltare la voce celestiale di Caterina dal vivo dentro la piccola Porziuncola.

Antonio... Siamo con voi... Tutti i giorni! Sempre...

Con affetto.

Quattro giorni dopo, il 26 settembre, mi arrivò una nuova mail di Marco insieme con la moglie Monica:

Caro Antonio,

anche oggi come ormai faccio da giorni, mi sono recato in Porziuncola a pregare, a recitare il Santo Rosario...

Proprio ieri sera avevo stampato dal tuo blog il testo della canzone Ojos de cielo *e di mia iniziativa ho letto quel testo di fronte alla statua della Madonna degli Angeli, lasciando poi i fogli ai piedi della statua...*

Ho chiesto, come ormai faccio quotidianamente con le mie preghiere, la Sua intercessione per Caterina.

Addirittura ho fatto una promessa alla Vergine Santa; Le ho detto: «quella canzone la può interpretare solo Caterina, solo lei ha la voce celestiale perfetta per cantarTi quella lode bellissima e, visto che sicuramente Ti piace tantissimo, se Tu vorrai, Caterina verrà a cantarla per Te proprio qui in Porziuncola!».

Mi sono preso questo impegno, ora manteniamolo! Perché sono sicuro che Lei, la Santa Madre, manterrà gli impegni presi...

Poi, a questo punto, la mail di Marco ha preso un sentiero strano:

Molte persone concordano sul concetto di «sacrificio vicario» e proprio in base a questo offrono tutto quello che hanno. Nel nostro piccolo anche io, mia moglie, la mia bambina di sei anni, offriamo quello che possiamo per Caterina. Sì, anche la piccola...

Anche mia figlia, spontaneamente, appena ha sentito il nome di Caterina, ha chiesto lumi e da quel momento tutte le sere prima di coricarsi affida un (come lo chiama lei) pensierino per Caterina!

E questo mi riempie di gioia. Tu sai quanto sono amate dalla Madre Santa le parole che provengono dalla bocca di una bimba, ancora di più se così spontanee!

Mi avevano colpito e un po' turbato quell'offerta e quel richiamo al «sacrificio vicario». Perché – scrivendo il libro su Padre Pio – avevo scoperto proprio questo aspetto misterioso della comunione dei figli di Dio, per cui si possono prendere i pesi gli uni degli altri o offrire la propria afflizione in sostegno di altri sofferenti.

Sei mesi dopo, mi arriva una nuova mail di Marco:

Carissimo Antonio,

sono qui a scriverti nuovamente dopo sei mesi da quel terribile 12 settembre. Sono qui a scriverti per dirti che abbiamo continuato a pregare in Porziuncola, qui a Santa Maria degli Angeli, con i frati, le suore e i laici (...).

E ancora oggi continuiamo a rimanere al vostro fianco, pregando incessantemente!

Domenica 28 febbraio, dopo una settimana di ricovero in ospedale, mia moglie, dopo ore estenuanti di sofferenze fisiche e psichiche, ha purtroppo perso la nostra bambina, amorosamente coccolata nel grembo materno per quattro mesi e mezzo, ma la nostra Maria Francesca, grazie ad un nostro amico sacerdote, prima di volare in cielo, ha ricevuto il battesimo e ora sappiamo di avere lassù un angelo che prega per noi tutti.

Mi permetto di raccontarti questo, caro Antonio, perché il giorno stesso in cui Maria Francesca è nata e volata in cielo (la domenica in cui si ricorda la Trasfigurazione di Gesù sul Monte Tabor) ho pregato il Nostro Signore affinché questo nostro dolore e la breve vita terrena di mia figlia possano aiutare la vita di tua figlia Caterina.

La vita di una bimba per il ritorno alla vita e alla sua famiglia di una ragazza.

Perché, come Padre Pio insegnava, la «Grande Economia» della salvezza e dell'Amore Divino passano soprattutto attraverso questi atti di offerta gratuita, semplice, ma al tempo stesso potente e salvifica.

Purtroppo, caro Antonio, questo è tutto quello che è in mio potere fare, ma sono convinto che Nostro Signore ha ascoltato la mia richiesta scritta con le lacrime e recitata con voce tremula e singhiozzante!

Rimaniamo sempre al vostro fianco pregando e offrendo digiuni per Caterina, con la speranza che in questo periodo di quaresima Gesù scenda nel cuore di Caterina e la riporti a noi prima possibile!

Siamo con te e la tua famiglia!

Non è possibile fare commenti... C'è solo da commuoversi e meravigliarsi. I cristiani sono uno spettacolo per gli angeli.

La semplicità dell'eroismo che testimonia questa lettera di Marco, eroismo per amore di persone che neanche ha mai conosciuto, non ha bisogno di parole.

Svela come e perché il cristianesimo ha conquistato il mondo. Eppure i cristiani sono odiati. In tanti luoghi sono addirittura carne da macello.

Dolore del mondo e passione della Chiesa

Arshed Masih ha trentotto anni e fa l'autista a Rawalpindi. Nel marzo 2010, davanti a tre poliziotti e alcuni capi religiosi musulmani, è stato cosparso di benzina e bruciato vivo perché si rifiutava di rinnegare Cristo e di convertirsi all'Islam.

A sua volta la moglie Martha al commissariato è stata torturata e stuprata davanti agli occhi atterriti dei figlioletti di sette, dieci e dodici anni.[97]

Una tragedia che va ad aggiungersi a quella delle tante adolescenti cristiane, sottoposte a qualsiasi arbitrio e violenza, perché in quelle regioni i cristiani non sono considerati nulla e non hanno diritti.

Tutti i mesi della «passione» di Caterina sono stati attraversati da avvenimenti carichi di sofferenza per la Chiesa, sommersa oltretutto da una valanga di fango maleodorante. Prodotto anche da alcuni (pochissimi) suoi ministri indegni.

Cosicché mi sono trovato a guardare ciò che accadeva stando «ai piedi» di Caterina e della Croce. Ed è veramente

[97] Vedi Cecilia Zecchinelli, *Pakistan, cristiano arso vivo: non voleva convertirsi all'Islam*, «Corriere della Sera», 24 marzo 2010.

un punto di vista unico. Tutto l'universo è entrato dentro il nostro dramma. E tutti gli eventi sono stati illuminati dall'offerta di Caterina e di tanti altri nostri figli, a cominciare da quelli incontrati in questi mesi (a cui ho accennato in queste pagine).

A novembre mi ha colpito la sentenza della Corte europea di Strasburgo che pretende di togliere dai muri delle scuole la raffigurazione di quell'Innocente massacrato dalla «giustizia umana»: il Crocifisso. Senza capire che non sono i crocifissi ad essere appesi ai muri delle nostre case, ma semmai – come dice una canzone di Gianna Nannini – sono «i muri appesi ai crocifissi»...

E basta un nulla per smascherare la sconvolgente fragilità di tutto ciò che è, della vita stessa. Così ci dicono anche lo spaventoso terremoto di Haiti e quello avvenuto in Cile in quei giorni... Oh, quanto abbiamo bisogno della sua protezione, della sua intercessione, di quell'immenso e definitivo esorcismo che è stata la sua crocifissione, per annientare il potere del Male e del Maligno sulla storia umana e sulla storia di ognuno di noi...

Potere tenebroso che è entrato anche nel Tempio santo di Dio. Come ci mostra il dolore del papa per lo scandalo della pedofilia... Sono tempi apocalittici, nei quali il Signore ci salva anche chiamando dei prediletti, spesso giovani, a espiare insieme con Lui, per salvare la Chiesa e il mondo.

Che vertigini, a guardare il dramma e le sofferenze dei nostri figli mentre la Chiesa e il papa sono scossi da un tremendo dolore, mentre in tante parti del mondo i cristiani sono massacrati e mentre l'umanità è straziata da tanti mali. Che mistero immenso... Da far tremare.

Così ci si commuove quando Dio ci fa toccare con mano come il nostro dolore offerto porti fiumi di benedizioni ad altri fratelli più bisognosi.

Fra le mail che più mi hanno stupito c'è questa:

Caro Antonio,

hai fatto benissimo a riferire quei segni di Caterina nel blog. Sono stati di grande aiuto a me e penso agli altri per indirizzare meglio la preghiera.

La preghiera. Non l'avevo mai compresa così profondamente come dopo aver letto quanto hai scritto sul blog ed è una grande cosa, credimi.

Tuttavia ho vissuto un momento fondamentale dopo avere appreso da padre Livio su Radio Maria che stavate vivendo questo dramma. Sono andato subito a vedere e mi sono commosso al punto che la mia è stata una preghiera immediata prima per Caterina e poi per me. Sì, perché anche io stavo vivendo un dramma essendo ormai sicuro da settimane di avere una grave malattia neurologica.

La persona che mi scrive era perfettamente in grado di capire le devastanti conseguenze della sua diagnosi. Continua:

Stavo già cercando di preparare la mia vita e quella dei miei cari a questa tragedia. Non so come, però, dal giorno successivo alla lettura della tua esperienza i sintomi si sono piano piano attenuati ed ora non ci sono quasi più: sono attonito, non solo perché questa guarigione fisica mi sembra un miracolo di per sé, ma anche per la trasformazione che l'esperienza ha operato nella mia anima. Avevo perso la bussola del bene e del senso vero della vita da troppo tempo. Da questo momento mi appare naturale pensare agli altri come alla cosa che ha più senso. La lentezza stessa dei movimenti che dovevo fare per non cadere mi costringeva a vedere la realtà e le persone in un altro modo, a riflettere: non loro in funzione mia, ma io in funzione loro perché questo è bello e giusto, rappresenta il vero senso a cui siamo stati chiamati. Lui, il Cristo, mi ha voluto tanto bene da farmi un regalo così grande: questa esperienza mi ha riempito il cuore di angoscia prima, e di gioia dopo, facendomi capire quanto sia male lasciare che il cuore e l'anima vengano occupati da obiettivi inutili.

Sono certo che la tua Caterina tornerà come prima e per questo continuo a pregare insieme a tutti gli amici che abbraccio come un'unica famiglia.

Non oso aggiungere nulla... Solo una considerazione: quanto è grande il dolore del mondo... Uno sconfinato e sconsolato panorama di sofferenze ci è apparso d'improvviso. Quanti afflitti da confortare, quante lacrime da asciugare...

Si può sostenere tutto questo solo fissando lo sguardo su Colui che davvero sostiene tutta l'afflizione umana sulle sue spalle, che la porta al Golgota e infine vince il Male e asciuga ogni lacrima...

Perché davvero Egli ha misericordia di tutti... di tutti... Quanto amore avvolge l'umanità ferita, quanti santi sconosciuti a tutti. Quanti piccoli e semplici che fasciano ferite e sono l'abbraccio di Gesù e sono la carezza del Nazareno...

È specialmente Lei, la Madre di Dio che, oggi come a Cana, vede il dramma di ciascuno prim'ancora che l'interessato se ne accorga... È Lei che previene e soccorre prima di tutti perché Lei è veramente Madre. Di ciascuno di noi! Sempre! Soprattutto nei momenti che sembrano più bui... Lei non ci abbandona mai!

Terza parte

Cosa è accaduto

«Nulla è così commovente come il fatto che Dio si sia fatto uomo per accompagnare con discrezione, con tenerezza e potenza il cammino faticoso di ognuno alla ricerca del proprio volto umano.»

Luigi Giussani

Fogli di diario

«Oh, quanto mi è cara la tua anima! Ti tengo scritta sulle mie mani. Sei rimasta incisa nella ferita profonda del mio cuore.»

Gesù a santa Faustina Kowalska

Ho riferito finora tanti fatti umanissimi e ho parlato di tante persone commoventi. Il mondo però è variopinto e c'è anche dell'altro. Mi è capitato di leggere mail o commenti al dramma di Caterina su internet che fanno accapponare la pelle per il cinismo. Qualcuno si dice laico e anticlericale, ma mi sembrano etichette ideologiche pretestuose e vuote. Spesso maschere per coprire delle tenebre interiori. Infatti altre persone di cultura laica mi hanno manifestato sentimenti belli e nobili.

Ho ricevuto messaggi di sincero dolore e di affettuosa vicinanza da persone ben lontane dalle mie posizioni e con le quali mi è capitato spesso di polemizzare: ricordo, per esempio, Ezio Mauro, Gad Lerner, Luigi Manconi, che voglio anche qui ringraziare. Mi hanno sinceramente commosso.

Ad ogni modo, a lode e gloria di Gesù, nostro Salvatore, e della sua dolce Madre, nostra tenera protettrice, posso dire che Caterina si è svegliata dal coma ed ora è cosciente e presente. In barba anche a quanto previsto da certi neurologi...

Certo, la situazione è ancora drammatica. Cate ha un lunghissimo e faticoso lavoro di riabilitazione e recupero da affrontare, che ha aspetti duri e può presentare mille incognite, ma noi speriamo e crediamo che la Madre di Dio, dopo aver iniziato questo miracolo (anche attraverso l'amore nostro e di tanti amici e la preghiera di tantissimi e attraverso la professionalità di medici che si prendono cura di questi malati) porti a compimento l'opera, riportando Caterina alla sua vita, guarita, per cantare le lodi di Dio.

Per ripercorrere qualche tratto di questo nostro cammino, ecco alcune pagine del «Diario di bordo» che ho tenuto dal 12 settembre. Un viaggio che mi pare possa essere abbracciato e illuminato da queste memorabili parole di don Giussani, così come io mi sentivo abbracciato dal suo sguardo, quando lo incontravo e parlavo con lui:

> Man mano che si diventa grandi si capisce che tutto quello che c'è di vero è dato; rimane la grande incombenza che la libertà lo accetti; lo accetti secondo tutte le conseguenze cui porta, che si rivelano adagio adagio. Perché tu puoi voler bene a una persona, anche entusiasticamente e in modo puro, giusto, ma a mano a mano che vai avanti, l'implicazione del sacrificio emerge, si impone, fino a un certo punto, quando Dio vuole, a coprire la scena, a coprire tutta la scena. È il momento in cui è vicina la risurrezione.[98]

16 settembre

Caterina oggi per la prima volta ha riaperto gli occhi. Dopo quattro giorni. Quanto sembra normale e ovvio aprire gli occhi: invece è un avvenimento. Un miracolo. Ogni mattina.

3 ottobre

Un'angoscia insostenibile. Si può solo mendicare...

«Verso di me ha teso l'orecchio nel giorno in cui lo invocavo.

Mi stringevano funi di morte, ero preso nei lacci degli

[98] Don Luigi Giussani, *Si può vivere così?*, Rizzoli 1993, p. 306.

inferi. Mi opprimevano tristezza e angoscia e ho invocato il nome del Signore: "Ti prego, Signore, salvami"» (Sal 116 [115],4).

13 ottobre

Complicanza gravissima. Di nuovo Caterina rischia la vita e viene ripresa per i capelli...

10 novembre

Povera piccina, ci fa tenerezza. Sfiorata su alcuni lividi e ferite, dice «Ahi! Ahia!». Siamo commossi risentendo la sua voce... Franco ha una battuta simpatica: anche Pinocchio cominciò con un «ahia!» e poi sorprese tutti...

12 novembre

Stupenda notizia: i potenziali cognitivi ci sono... Nelle settimane precedenti l'esame aveva dato esito negativo. Dunque Caterina c'è e comprende?

16 novembre

Alessandra e Stefano le dicono: «Caterina, sei stata bravissima, hai superato molte prove e presto ti portiamo a casa...». Le si riempiono gli occhi di lacrime...

17 novembre

La mattina comincia con un pianto dirotto. Ma le sue grandi lacrime cessano quando la mamma l'abbraccia e la consola... Due cari amici ci dicono di aver preso due fratellini in affido. Abbiamo la sensazione che la vicenda di Caterina non sia estranea a questa decisione. E in effetti ci rispondono: «Beh, volevamo offrire qualcosa...».

20 novembre

Si susseguono i giorni. In questo mare di angoscia la Messa quotidiana e il rosario sono isole dove trovare riparo e conforto. Un pensiero torna insistente: Egli ha misericordia di tutti... dà la vita per la Sua agnellina ferita, per difendere Caterina...

25 novembre

Egli ha veramente misericordia di tutti. Trovo questo pensiero del santo Curato d'Ars: «Non è il peccatore che ritorna a Dio per domandargli perdono, ma è Dio stesso che corre dietro al peccatore e lo fa tornare a lui. Questo buon Salvatore è così colmo d'amore che ci cerca dappertutto».

27 novembre

Facciamo sentire a Caterina la registrazione del suo *Ojos de cielo* e lei scoppia a piangere...

1° dicembre

Intuiamo notizie positive e negative dai medici. Pare che Caterina non sia più in stato vegetativo, ma in stato di minima coscienza. Ma ci sono angoscianti incognite, per esempio sulla vista...

4 dicembre

Nottate di angoscia. Al mattino la messa raccoglie tutte le nostre lacrime. Chiedo al Signore di parlarmi attraverso il Vangelo di oggi, di dirmi una parola, quello che devo pensare... Ed ecco qua il vangelo di oggi (Mt 9,27-31):

> Mentre Gesù si allontanava di là, due ciechi lo seguivano urlando: «Figlio di Davide, abbi pietà di noi». Entrato in casa, i ciechi gli si accostarono, e Gesù disse loro: «Credete voi che io possa fare questo?». Gli risposero: «Sì, o Signore!». Allora toccò loro gli occhi e disse: «Sia fatto a voi secondo la vostra fede». E si aprirono loro gli occhi. Quindi Gesù li ammonì dicendo: «Badate che nessuno lo sappia!». Ma essi, appena usciti, ne sparsero la fama in tutta quella regione.

5 dicembre

Suor Chiara mi manda questa pagina di sant'Anselmo d'Aosta:

> «Il tuo volto, Signore, io cerco» (Sal 27 [26],8). «Ma tu, Signore, fino a quando?» (Sal 6,4). «Fino a quando continuerai a dimenticarmi? Fino a quando mi nasconderai il tuo volto?» (Sal 13 [12],2). Quando ci guarderai e ci esaudirai? Quando illuminerai i nostri occhi e ci mostrerai la tua faccia? Quando ti restituirai a noi? Guarda, Signore, esaudiscici, illuminaci, mostrati a noi. Ridonati a noi perché ne abbiamo bene: senza di te stiamo tanto male. Abbi pietà delle nostre fatiche, dei nostri sforzi verso di te: non valiamo nulla senza te. Ci inviti tu, quindi aiutaci. Ti prego, Signore, di non lasciarmi sospirare di disperazione; fammi piuttosto respirare la speranza... Mi sia permesso almeno intravvedere la luce, anche da lontano, anche dal profondo. Insegnami a cercarti e mostrati quando ti cerco: non posso cercarti se tu non mi insegni, né trovarti se non ti mostri. Che io ti cerchi desiderandoti e ti desideri cercandoti, che io ti trovi amandoti e ti ami trovandoti. (Proslògion, 1)

5 dicembre

Mio figlio piccolo mi dice che per il suo compleanno e per la Festa dell'Immacolata chiede alla Madonna un solo regalo: la guarigione della sua sorella, Caterina. Nient'altro. Mi commuove...

La vita è un soffio. È bello che diventi tutta e solo un atto d'amore. È bello veder trasformare la propria vita così. Infatti resterà solo l'amore. E saremo giudicati sull'amore. In Paradiso porteremo solo questo capitale. È l'unico tesoro da accumulare.

12 dicembre

Stamattina, alla messa, un signore anziano mi ha dato un piccolo foglio dove c'era una preghiera di san Tommaso d'Aquino: «Con te, Signore, non temo alcun male».

18 dicembre

Sembra che nell'avvento tutta la Chiesa ci inciti a implorare a gran voce la liberazione!!!

Stasera a Firenze il coro degli universitari di CL fa il consueto concerto di Natale alla Santissima Annunziata. È dedicato a Caterina. All'inizio sono state lette queste parole: «Cantare è pregare due volte. Il concerto di stasera è un gesto di preghiera per la nostra amica Caterina, anch'essa del nostro coro, che da tre mesi compie nella sua carne – come ci ricorda san Paolo – ciò che manca ai patimenti del Cristo, a favore del suo corpo, cioè di tutti noi».

31 dicembre

Sfiniti e angosciati a messa ci viene detto da un santo sacerdote: «Non temete...». La sera andiamo alla veglia di preghiera con lui, invocando la Madre di Dio con tutto il cuore.

Lui ci ripete di nuovo: «Andiamo avanti, state tranquilli. Dio compie sempre ciò che ha iniziato».

L'indomani mattina, in ospedale, ci viene detto che Caterina, la sera precedente, proprio verso le 23-24, ha chiaramente detto: «Mamma!».

1° gennaio

Dopo il Natale, ecco il capodanno in ospedale. Mio figlio dodicenne mi dice: «Ho pregato tantissimo per Caterina». Mi racconta di essersi confessato il giorno precedente. Mi sembra di vederlo lì, da solo, al freddo e al buio della chiesetta, che aspetta il sacerdote. Immagino quella sua lunga attesa piena di affetto per la sorella. Se tutto questo commuove me, com'è possibile che non commuova il cuore di Maria?

2 gennaio

Leggendo un libro su santa Caterina da Bologna, una clarissa, scopro che più grande è lo strazio, più grande sarà la consolazione... Ecco le sue precise parole:

E quando ti approssimerai
più alla Città di Dio,
questo per segnale ti sia:
forti tentazioni ti verranno,
ché grandi grazie Dio non dà
senza grande tentazione,
e secondo la grandezza
della tribolazione
è la consolazione;
perciò persevera e forte sta'.

3 gennaio

Vado a messa alle 18,30 e prego ardentemente la Madonna che mi dia un segno certo della guarigione di Caterina... Torno in ospedale e ci accorgiamo che lei risponde per la prima volta e stabilmente quando la si chiama. Risponde con un semplice «ah!», ma riesce a esprimere molto chiaramente la sua risposta e a manifestarci la comprensione di quello che le diciamo.

4 gennaio

Era accaduto che il 1° gennaio Stefano, con tre amici, era partito in auto per Lourdes. Un pellegrinaggio – sia pure un tour de force – per Caterina. Avevano partecipato alla messa al santuario il 2 gennaio e il 3 erano tornati, riportando una sciarpa di Caterina che avevano bagnato alla piscina dell'acqua di Lourdes.

Per la verità ieri non ci siamo resi conto della portata della risposta di Caterina. Oggi una dottoressa che l'ha in cura ce lo fa notare: «Ma non avete la sensazione che Caterina risponda?».

Perfino il frate dell'ospedale se n'è accorto: «Ma Caterina risponde! Sono andato giù e stavolta, per la prima volta, quando l'ho chiamata mi ha risposto con un cenno: "ah!"...».

5 gennaio

I medici confermano. Non solo risponde – sia pure con quella limitata sillaba – ma dà la netta sensazione di comprendere quello che le si dice.

6 gennaio

Mi scrive suor M. Assumpta:

Caro Antonio,

penso che la Sua Caterina stia convertendo un insieme di persone invitandole a pregare, e non soltanto; già quelle che si considerano convertite stanno scoprendo il vero valore della vita umana, della preghiera e del vivere da cristiano. Le sto vicino con le preghiere ogni giorno. Presento Caterina durante la santa Messa. Prego il Signore di rivelarci il mistero di questo suo intervento così doloroso. Certamente ci vuol dire che la preghiera, anche se pare inerme, è in verità una forza arcana inesauribile.

Le auguro ogni bene dal Signore e dalla sua Santissima Madre Immacolata.

7 gennaio

Si moltiplicano i segni di comprensione che Caterina ci dà. Ma nel pomeriggio è accaduta una cosa bellissima. Avevamo pregato ardentemente che Gesù ci desse un segno certo che Caterina capisce. Soprattutto alla messa della sera.

Uscendo dalla chiesa con questa commozione nel cuore, entro nella stanza di Caterina e mi trovo davanti a uno spettacolo sorprendente: Caterina a letto e Alessandra al suo fianco che stanno ridendo a crepapelle! E la risata di Caterina è proprio la sua, brillante, contagiosa. Il suo sguardo è luminoso!

Presto al ridere – per l'emozione – si aggiungono le lacrime di loro due e le mie e quelle di tutti coloro che nel frattempo arrivano, sorpresi e commossi!

Cosa è successo? Da giorni provavamo a leggere qualche pagina a Caterina. Avevamo diversi libri. Era dunque accaduto che Alessandra quel pomeriggio stava leggendo a voce alta *Il giovane Holden* di Salinger e, arrivata ad un punto in cui il romanzo ha un paio di battute, Caterina è scoppiata a ridere di colpo.

Alessandra sul momento si è quasi spaventata, non se lo aspettava. Poi si è resa conto, ha cominciato anche lei a ridere e piangere di commozione, abbracciando Caterina che intanto, lei stessa, si è resa conto di riuscire a esprimersi in un modo che fino a quel momento le era impossibile.

Per verificare se si trattava di un'acquisizione nuova e definitiva, Alessandra è andata avanti nella lettura e in effetti a ogni passaggio umoristico Caterina si faceva grandi risate, mostrando, oltretutto, di cogliere benissimo anche allusioni e battute più raffinate.

L'emozione di tutti noi è stata fortissima. A quel punto ci siamo scatenati a raccontare a Caterina le cose più buffe e lei ha riso con noi a lungo.

Solo oggi ci siamo resi conto che in effetti in questi giorni, ovvero dal 3 gennaio, è accaduto qualcosa di importante e Caterina ha fatto un passo deciso. In qualche modo potremmo dire: è tornata.

24 gennaio

Ascoltiamo insieme a Caterina alcune canzoni registrate del suo coro. A un certo momento le dico: «Caterina, pensa che presto tornerai anche tu a cantarle...».

Lei prima fa gli occhi lucidi e subito dopo scoppia a piangere. Anche questo è segno del suo livello di coscienza.

La sua evidente commozione si ripete anche dopo, quando le dico che la Madonna è sempre vicino a lei e le ha salvato la vita.

12 febbraio

Il calvario di Caterina dura esattamente da cinque mesi. E stamani un'altra piccola coincidenza sembra continuare a esortarci alla fede. A messa imploro che si sblocchi definitivamente con il linguaggio. Ed ecco il Vangelo di oggi (Mc 7,31-37).

> Di ritorno dalla regione di Tiro, passò per Sidone, dirigendosi verso il mare di Galilea in pieno territorio della Decàpoli. E gli condussero un sordomuto, pregandolo di imporgli la mano. E portandolo in disparte lontano dalla folla, gli pose le dita negli orecchi e con la saliva gli toccò la lingua; guardando quindi verso il cielo, emise un sospiro e disse: «Effatà» cioè: «Apriti!». E subito gli si aprirono gli orecchi, si sciolse il nodo della sua lingua e parlava correttamente. E comandò loro di non dirlo a nessuno. Ma più egli lo raccomandava, più essi ne parlavano e, pieni di stupore, dicevano: «Ha fatto bene ogni cosa; fa udire i sordi e fa parlare i muti!».

14 febbraio

Ho letto cose senza pietà su di me. Mi sembra di ravvisare la risposta nel Vangelo della messa di oggi (Lc 6,17.20-23).

> Disceso con loro, si fermò in un luogo pianeggiante. C'era gran folla di suoi discepoli e gran moltitudine di gente da tutta la Giudea, da Gerusalemme e dal litorale di Tiro e di Sidone. Alzati gli occhi verso i suoi discepoli, Gesù diceva: «Beati voi poveri, perché vostro è il regno di Dio. Beati voi che ora avete fame, perché sarete saziati. Beati voi che ora piangete, perché riderete. Beati voi quando gli uomini vi odieranno e quando vi metteranno al bando e v'insulteranno e respingeranno il vostro nome come scellerato, a causa del Figlio dell'uomo. Rallegratevi in quel giorno ed esultate, perché, ecco, la vostra ricompensa è grande nei cieli. Allo stesso modo infatti facevano i loro padri con i profeti».

Vado oggi a messa con mio figlio. Facciamo un voto in particolare per chiedere che Caterina si sblocchi col linguaggio: faremo insieme due pellegrinaggi, il primo a un santuario mariano, l'altro a Padova da sant'Antonio. Inoltre continueremo sempre ad aiutare i bambini lebbrosi dei nostri amici missionari.

Ebbene, verso le 16,30 di oggi Caterina ha risposto «sì» a una domanda delle infermiere! E quattro o cinque volte, alla richiesta della mamma di dire il suo nome, «Ale», ha detto: «Al... Al... Al...».

Signore, ti imploro che il bocciolo fiorisca...

15 febbraio

Cate stamani non fa che ridere... Ma quando la mamma le ha cantato *Vuestra soy*, ispirata a una pagina di Teresa d'Avila (che Caterina canta benissimo) si è messa a piangere.

Scorrendone le parole in traduzione si comprende perché...

Sono tua perché mi hai creata,
sono tua perché mi hai redenta,
sono tua perché mi hai voluta,
sono tua perché mi hai chiamata,
tua perché mi hai attesa,
tua perché non mi sono perduta,
cosa vuoi fare di me?
Cosa vuoi fare di me buon Signore,
di questa vile ancella?
Quale compito hai dato
a questa misera serva?
Eccomi mio dolce amore,
amore dolce, eccomi qui,
cosa vuoi fare di me?
Eccoti il mio cuore,
io lo pongo nella Tua mano,
il mio corpo, la mia vita e la mia anima,
le mie speranze e la mia angoscia,
dolce Sposo e Redentore,
poiché a te mi sono offerta,
cosa vuoi fare di me?
Che porti frutto oppure no,

che stia tacendo o stia parlando,
mostrami quali sono le leggi del Vangelo.
Sia nella gioia che nel dolore,
solo Tu vivi in me,
cosa vuoi fare di me?

1° marzo

È impressionante quanto Stefano in questa tragedia si riveli grande. Fin dal primo giorno. In tanti sono colpiti a vederlo. Noi per primi. Per la sua totale gratuità, la sua dedizione, la sua calma, la sua maturità, la sua solidità. È commovente, in questo mondo di ometti, vedere giovani uomini così. E una così grande storia d'amore.

Che miracolo è questo popolo, un giardino dove crescono meraviglie così.

Scrivo a Steno che il bene che vuole a Caterina sarà certamente ricompensato e mi risponde: «Ciò che Dio promette non può essere tradito e non è tradito neanche in questi mesi. Qualunque sia la forma che Lui ha preparato per noi».

Poi mi scrive ancora: «Vorrei sempre stare lì (con Caterina). Oggi mi ha colpito quello che ci hai letto del don Gius. È incredibile come la Madonna dal primo istante ci stia accompagnando. Proprio per questo ogni giorno continuo incessantemente a chiedere il Miracolo. Grazie».

La mamma di un'amica di Caterina mi scrive: «I nostri ragazzi sono proprio una cosa meravigliosa e ringrazio Dio di averceli donati».

2 marzo

Messaggio della Madonna a Mirjana (una delle veggenti di Medjugorje). Sembra fatto per me:

> Cari figli, in questo tempo particolare del vostro tentativo di essere più vicino possibile a mio Figlio, alla Sua sofferenza, ma anche all'amore con cui l'ha portata, desidero dirvi che sono con voi. Vi aiuterò a vincere gli abbagli e le

prove con la mia grazia. Vi insegnerò l'amore, l'amore che cancella tutti i peccati e vi rende perfetti. L'amore che vi dà la pace di mio Figlio ora e per sempre. La pace sia con voi e in voi, perché io sono la Regina della Pace. Vi ringrazio.

5 marzo

Da oggi Caterina dice il nome di sua madre. «Ale»... Fa tenerezza... Con fatica e applicazione, ripete sorridendo: «Allle»...

7 marzo

Michi ha fatto la solenne promessa con tanti altri suoi amici della Compagnia dei cavalieri leggendo la bellissima preghiera del cavaliere:

> O Dio, mio Signore e mio Re, che Ti sei degnato di versare il Tuo sangue per la mia salvezza, guida i miei passi verso di Te, che sei la via, la verità e la vita. Dammi un'intelligenza assetata di verità, un braccio forte per difenderla, un cuore coraggioso per testimoniarla. Offro a Te tutto me stesso. Lo studio e il gioco, le parole e il silenzio, il pianto e la gioia, seguendo la compagnia che Tu mi hai dato, come segno della Tua Presenza, perché la mia vita si compia e il mondo Ti riconosca. Maria, regina dei Santi, sostieni la mia preghiera.

Il papa all'Angelus dice: «Nel brano del Vangelo odierno, Gesù viene interpellato circa alcuni fatti luttuosi: l'uccisione, all'interno del tempio, di alcuni Galilei per ordine di Ponzio Pilato e il crollo di una torre su alcuni passanti (cfr. Lc 13,1-5). Di fronte alla facile conclusione di considerare il male come effetto della punizione divina, Gesù proclama l'innocenza di Dio, che è buono e non può volere il male, e mettendo in guardia dal pensare che le sventure siano l'effetto immediato delle colpe personali di chi le subisce. (...) In presenza di sofferenze e lutti, vera saggezza è lasciarsi interpellare dalla precarietà dell'esistenza e leggere la storia umana con gli occhi di Dio, il quale, volendo sempre e solo il bene dei suoi figli, per un disegno imperscrutabile del suo amore, talora permette che siano provati dal dolore per condurli a un bene più grande».

Mi ripeto: «Dio è buono e non può volere il male».

15 marzo

Alla messa ascolto un brano del Vangelo (Gv 4,46-51), dove si parla di

> un funzionario del re, che aveva un figlio malato a Cafarnao. Costui, udito che Gesù era venuto dalla Giudea in Galilea, si recò da lui e lo pregò di scendere a guarire suo figlio poiché stava per morire. Gesù gli disse: «Se non vedete segni e prodigi, voi non credete». Ma il funzionario del re insistette: «Signore, scendi prima che il mio bambino muoia». Gesù gli risponde: «Va', tuo figlio vive». Quell'uomo credette alla parola che gli aveva detto Gesù e si mise in cammino. Proprio mentre scendeva, gli vennero incontro i servi a dirgli: «Tuo figlio vive!».

Il funzionario scoprì poi che il bambino era guarito esattamente all'ora in cui Gesù aveva detto «tuo figlio vive» e «credette lui con tutta la sua famiglia».

Le cose che mi hanno colpito: quell'uomo «insistette», poi «credette» a quello che Gesù gli disse. Quindi «si mise in cammino»...

Questo è per noi proprio il periodo in cui ci è chiesto di insistere e credere a quello che ci è stato promesso, fidarci e camminare verso la meta...

Gesù poteva fare qualsiasi miracolo con un semplice suo atto di volontà, semplicemente con un sì. Eppure compie alcuni prodigi usando cose terrene, come del fango (nel caso del cieco) o l'acqua (alle nozze di Cana) o del pane e alcuni pesci (nelle moltiplicazioni miracolose).

Vuole farci capire così che talora opera grandi prodigi attraverso il coinvolgimento dell'uomo, chiedendo il suo amore, il suo lavoro, i suoi gesti. Così continua a fare nella storia. E penso che anche la nostra storia sia di questo tipo: il miracolo sta avvenendo nella pazienza, richiede tutto il nostro amore, la nostra fede, la perseveranza e tutte le cure umane. E tutto questo ci insegna tantissimo e ci converte.

25 maggio

> Ma che poss'io, Signor, s'a me non vieni
> coll'usata ineffabil cortesia?
> (Michelangelo Buonarroti, *Rime*)

28 maggio

Ho sempre amato Firenze, ma dal 12 settembre scorso più che mai, visceralmente, perché tutto mi parla di Caterina. E di Firenze insistentemente mi torna in mente la bellissima *Venere* del Botticelli. La luminosa fanciulla, secondo alcuni, è una rivisitazione del mito antico: la leggenda della dea della bellezza che nasce dalla spuma del mare rappresenta una prefigurazione pagana dell'anima che rinasce dall'acqua del Battesimo e diventa cristiana. È della bellezza di quest'anima che Dio è tanto innamorato fino a farsi uomo e dare per lei la sua vita, per conquistare il suo amore.

1° giugno

Caterina lentamente conquista nuove parole... È intensamente assorta e attenta quando preghiamo insieme. Alla fine dice: «Amen».

3 giugno

Festa del Corpus Domini. Alla Comunione la preghiera più bella è quella, antichissima, dell'*Anima Christi*. L'ho recitata per Caterina che riceve anch'essa l'eucaristia:

Anima di Cristo, santificami.
Corpo di Cristo, salvami.
Sangue di Cristo, inebriami.
Acqua del costato di Cristo, lavami.
Passione di Cristo, confortami.
O buon Gesù, esaudiscimi.
Dentro le tue piaghe nascondimi.
Non permettere che io mi separi da te.
Dal nemico maligno, difendimi.
Nell'ora della mia morte, chiamami
e comanda che io venga a te,
affinché ti lodi con i tuoi santi,
nei secoli dei secoli.
Amen.

9 giugno
Caterina compie venticinque anni... La mamma le dice che questo è un compleanno speciale, che siamo tutti più felici che mai perché aveva rischiato di non esserci. Lei si commuove...

Bellissimo compleanno. Tanti amici vengono a trovare Caterina e a far festa con lei e per lei. Uno splendido pomeriggio. Vedo e sento la meravigliosa risata di Caterina... Particolarmente solare quando c'è Stefano che la colma di amore. In serata, partiti tutti gli amici, Stefano ci scrive una mail che ancora una volta ci commuove e ci stupisce:

Cari Antonio e Alessandra,

oggi è stata una bella giornata. E volevo ringraziarvi.

A volte mi sento morire per quanto Cate mi manca. Mi mancano i suoi richiami, i suoi rimproveri, i suoi sorrisi, i suoi sguardi che bastavano per farmi capire tutto, i suoi silenzi pieni di giudizio. Ma poi quando mi fermo e la guardo negli occhi (come piace fare a me) capisco subito che lei è lì esattamente come prima e, con modalità diverse (a volte proprio uguali), è richiamo all'unica cosa che conta.

Cari, Cate c'è, e questo è davvero un miracolo.

Non smetto un istante di chiedere la sua completa guarigione... Darei la mia vita per la sua guarigione, ma ciò che Dio ha preparato per lei e noi sarà sicuramente uno spettacolo che non possiamo nemmeno immaginare.

Ce lo ha promesso... Grazie di tutto.

Chi non ha mai visto giovani così non sa cosa sia l'amore vero...

10 giugno

Una strana settimana, questa, che va dalla domenica 6 giugno, Corpus Domini, al compleanno di Maria (14 giugno). Dentro c'è il compleanno di Caterina, c'è venerdì 11, festa del Sacro Cuore di Gesù, sabato 12, Cuore Immacolato di Maria e domenica 13, sant'Antonio da Padova, il mio protettore (il mio onomastico). Però quello che più mi colpisce è che il 12 giugno saranno nove mesi esatti dal dramma di Caterina. Il 12 settembre era la festa del Nome di Maria, il 12 giugno è il Cuore Immacolato di Maria. E non solo...

11 giugno

La meglio gioventù è in cammino nella notte del nostro tempo. Domani andrà a Loreto, verso la piccola e povera casa di Maria di Nazaret dove – con l'Annunciazione – sorse il Sole che squarciò le tenebre delle nostre vite.

È uno spettacolo da non perdersi e i nostri media ovviamente lo perdono sempre. La bella gioventù, migliaia di bei volti – l'anno scorso erano sessantamila, quest'anno ottantamila – in silenzio o in preghiera, sfileranno veloci nella notte fra il 12 e il 13 giugno nelle dolci campagne marchigiane verso l'abbraccio di Colei che è eternamente giovane ed eternamente bella e che li aspetta, tutti, uno ad uno.

Sono le campagne di Giacomo Leopardi (Recanati è lì) e tutti questi giovani hanno nel cuore le grandi domande della sua poesia e quella sua nostalgia dell'Infinito. Che si è fatto Uomo.

Mia figlia Caterina ogni anno andava dalla Madre di Cristo, percorrendo nella notte i trenta chilometri che separano Macerata da Loreto, con i suoi amici universitari di Comunione e Liberazione.

Quest'anno per la prima volta non ci sarà. Dal 12 settembre – quando il suo cuore si fermò – sta attraversando un'altra notte, ma siamo certi che anche questo cammino finirà in un bel mattino, fra le braccia della Madonna, dove tutti i destini e tutte le strade trovano la loro meta.

Lei che è la grande soccorritrice, la *Salus infirmorum* e che già ha protetto la vita di Caterina, quel 12 settembre, facendo di nuovo battere il suo cuore, la risolleverà. Il caso vuole, peraltro, che il pellegrinaggio quest'anno si svolga proprio il 12 giugno, a nove mesi esatti dal dramma di Caterina. E che sia un sabato (giorno di Maria), come il 12 settembre, che il pellegrinaggio cominci a quella stessa ora in cui Caterina cadde «morta» in terra, le 20,30, e che sia la festa del Cuore Immacolato di Maria, al quale Caterina era affidata e al quale il papa ha consacrato la Chiesa e l'intera umanità.

Quante volte, alla fine del lungo cammino, Caterina, a Loreto ha recitato, insieme a migliaia di amici, l'Atto di consacrazione che chiude il pellegrinaggio: l'«Atto di Consacrazione della nostra vita a Cristo attraverso Maria, perché la Chiesa diventi sorgente di vita nuova per tutti i popoli».

Ecco la preghiera che viene recitata da migliaia di giovani: «Maria, tu sei la Madre di Cristo, Madre della Comunione che Tuo Figlio ci dà, come dono sempre nuovo e potente, che è un gusto di vita nuova. Attraverso di Te noi perciò consacriamo tutti noi stessi, tutte le gioie e le sofferenze che Tuo Figlio sceglie per noi e la nostra stessa vita, affinché Tu diventi la Madre della Vita e Cristo doni a tutti gli uomini lo stesso gusto di vita nuova che ha donato a noi. Amen».

Come non pensare che attraverso l'offerta delle loro sofferenze il Signore della storia salvi il mondo e riversi un fiume di benedizioni e di grazia sull'umanità smarrita? È stato il papa, in una sua enciclica, a ricordare che «è grazie a pochi sconosciuti che il mondo vive» e a Fatima – parlando di Giacinta e Francesco – ci ha indicato nella loro offerta di sé e della propria vita, la potentissima arma con cui Dio fa vincere l'amore sul Male che è scatenato nel mondo.

Così, anche se quest'anno a Loreto Caterina non ci sarà fisicamente, sarà portata nel cuore e nelle preghiere da tanti suoi amici che chiederanno alla Vergine di guarirla per farla tornare l'anno prossimo. E arrivando si accorgeranno che Caterina (come ogni sofferente) c'è, misteriosamente, anche quest'anno, lì fra le braccia della Madonna, con la testa appoggiata al suo cuore...

In tanti ogni anno sono commossi da questo lungo fiume di giovinezza, da questo popolo in cammino. E tanti, per vie sconosciute a noi, saranno colpiti, vedranno sorgere l'aurora della loro buia vita, grazie al sacrificio di chi si consacra a Cristo attraverso Maria e si offre per la salvezza del mondo. Perché è come offrirsi in riscatto per dei prigionieri, per liberare degli schiavi.

È stupefacente che vi siano luoghi al mondo dove i giovani sono educati a questo slancio verso l'infinito, dove si innamorano della Bellezza e della Purezza abbracciandole con la scelta di una vita eroica (l'umile vita quotidiana).

Il pellegrinaggio della tradizione cristiana da secoli esprime questa sapienza antica. Ci fa capire che la vita non è un girovagare senza meta, dove quindi i passi non hanno senso e non hanno valore e l'esistenza è inutile.

No, la vita non è un vagare annoiato nella notte, ma è un camminare lieto e certo, assieme a dei fratelli, verso una casa, verso Casa. È un cammino nella notte verso l'alba di un abbraccio di Madre che ti aspetta.

Questo pellegrinaggio cominciò nel 1978, anno dell'elezione di Giovanni Paolo II, su invito di don Giancarlo Vecerrica, insegnante di religione, ai suoi studenti. Don Giancarlo, che era il sacerdote di CL a Macerata, lo propose come gesto di ringraziamento alla Madonna alla fine dell'anno scolastico. Era un'antica tradizione che si era persa nel tempo, soprattutto in quegli anni Settanta.

La prima volta parteciparono in trecento, perlopiù di Macerata. Sembravano già tantissimi. Oggi sono più di ottantamila, da tutta Italia. E il 19 giugno 1993 il pellegrinaggio ha avuto addirittura la visita di Giovanni Paolo II che, alla partenza del cammino notturno, consegnando la Croce, lasciò ai pellegrini questo compito: «Ora affido a voi, cari giovani, la Croce che vi farà da guida nel vostro Pellegrinaggio al Santuario di Loreto. Imparate dall'esperienza di questa notte a seguire, anche sulle strade del vostro quotidiano cammino, la Croce di Cristo, nella quale è salvezza, vita e resurrezione».

Da quel giorno quella stessa Croce ogni anno sta in cima al pellegrinaggio che si conclude in un'atmosfera davvero commovente. L'anno scorso Caterina stava proprio dietro la Croce.

Il pellegrinaggio alla casa di Maria, fra i poveri mattoni dove ricevette l'annuncio dell'Angelo, dove il Verbo si fece carne e venne ad abitare fra noi, è antichissimo. Nella parte della casa di Maria rimasta a Nazaret sono stati trovati antichi graffiti di pellegrini dei primi secoli, uno dei quali, sotto il disegno di una barchetta, recita: «Siamo venuti dalla Bella Ragazza».

In effetti tutti coloro che, nelle apparizioni moderne, da Lourdes a Medjugorje, hanno visto Maria faccia a faccia, concordano nel testimoniare che si tratta di una bellezza sconvolgente, che non ha eguali sulla terra e che perfino le più famose bellezze celebrate dai mass media sembrano misere al confronto.

La bellezza della Vergine e la sua eterna giovinezza (nelle apparizioni è sempre una ragazza di circa diciotto anni) non ha un significato semplicemente estetico. Lei, unica con

Gesù a essere nella gloria col suo stesso corpo di carne, preannuncia così a noi l'eterna giovinezza a cui siamo destinati con la resurrezione.

Dicevo delle due parti di quella casa di Maria perché a Nazaret c'è ancora la grotta scavata nella roccia che costituiva una parte (è contenuta nella Basilica dell'Annunciazione). Ma appoggiato alla pietra stava un piccolo locale in muratura che è quello che dal 1294 si venera a Loreto.

La tradizione dice che fu portata in Italia dagli angeli e si è pensato finora che sotto la leggenda vi fosse in realtà la potente famiglia Angeli – o De Angelis – che avrebbe organizzato il trafugamento e il trasporto della casupola.

Tuttavia gli studi tecnici sulla struttura e i materiali della casa, che confermano la compatibilità con una provenienza mediorientale e con l'epoca di Gesù, ultimamente hanno evidenziato che la casetta, che non ha fondamenta ed è appoggiata su una pubblica via, sopra un arbusto, mai sarebbe stata smontata e rimontata e alcuni dettagli della sua comparsa in quel luogo non sono compatibili con un trasporto umano per nave.

In fondo gli angeli esistono e possono ben aver trasportato miracolosamente la casa di Maria. Quel che conta è che lì, fra poverissime mura, cambiò la storia dell'umanità e la vita di tutti. E lì sorge il Sole.[99]

12 giugno

Resto folgorato rileggendo le parole che don Giussani scrisse per il pellegrinaggio a Loreto il 5 giugno 2004. Quasi ogni anno inviava un suo messaggio, considerando quell'evento come «l'invito del Principe» a quei giovani.

Questo dunque fu il suo ultimo messaggio (perché morì nel febbraio 2005). Mi emoziona scoprire quanto illumini tutta la misteriosa vicenda di Caterina.

[99] Questo pezzo è apparso su «Libero» il 5 giugno 2010.

Nella Madonna il destino di ogni vita umana trova il suo inizio e il suo compimento: l'offerta.
Inizio, perché la Madonna è la coscienza che Cristo aveva del mondo.
Compimento, perché offrire a Dio quel che si fa è il dolore dell'esistenza. L'offerta al Mistero di Dio di tutto il proprio essere, di tutto ciò che sembra scaturire dal nulla.
Ciò che tutti i giorni per noi sarebbe limite, è destinato a diventare grande come lo sguardo della Madonna.
Maria capiva che il contenuto di ogni condizione umana sviluppa e realizza il disegno di un Altro: non il disegno del proprio cuore, ma del cuore di Dio.
È questo il Mistero che hanno tutte le cose che Dio crea, cioè che rende partecipi della grandezza e della bellezza del Suo mondo, senza confini e senza male.
Così che tutto quanto nasce, diventa un essere di grazia anche quando gli avvenimenti sono faticosi. Tutto nasce e fiorisce in una versione di grazia. Per cui nella croce fino alla resurrezione di Cristo tutto diventa grazia, cioè salvezza, pace e letizia.
È la conoscenza di questa positività gioiosa di tutto che dovrà essere riscoperta da voi, e allora anche le fatiche di ogni traguardo affluiranno con torrenti di grazia.
I dolori, come la vita, certo non vi mancheranno, ma vivrete la vita come un cammino; anche quando il cammino sarà faticoso, sarà scoperta di un bene veramente grande (cfr. Dante a Maria).
Seguite chi onora Cristo, chi ama sua Madre.
Offrite ad Essa come sua imitazione la vera giustizia: questa è la strada della Santità.

In mezzo al Mar Rosso

Pur nella tempesta siamo stati graziati e fino a ora possiamo dire, con le parole di una canzone della nostra tradizione, «il nostro cuore non si è perduto / i nostri passi non hanno smarrito la Tua strada...».

Ma so bene che questo è avvenuto per grazia, solo per grazia. Per i tanti che hanno pregato per noi. Così come i passi che ha fatto Caterina. La quale ha ancora tanto, tanto bisogno della nostra preghiera, perché ancora lungo e duro e pieno di incognite è il cammino.

A tutti voi che – attraverso queste pagine – partecipate alla sua e nostra vicenda, chiedo con tutto il cuore la carità di aiutarci ancora con la vostra implorazione al Signore, tramite la Madonna.

Preghiamo senza stancarci perché Caterina possa guarire e tornare presto a cantare le meraviglie di Dio. Io vi ringrazio con le parole che ci ha donato un grande Padre della Chiesa:

> «Salvaci, Signore!» O mio Dio, il mio cuore è come un mare vasto sempre agitato dalle tempeste; fa' che trovi in te la pace e il riposo. Tu hai ordinato ai venti e al mare di calmarsi e, all'udire la tua voce, si sono placati; vieni a placare le agitazioni del mio cuore, affinché tutto in me sia calmo e tranquillo, affinché io possa possedere te, il mio

unico bene, e contemplarti, dolce luce dei miei occhi, senza confusione né oscurità.
O mio Dio, che la mia anima, liberata dai pensieri tumultuosi di questo mondo, si nasconda «all'ombra delle tue ali» (Sal 17 [16],8). Che essa trovi presso di te un luogo di riparo e di pace; tutta accesa dalla gioia, che possa cantare: «In pace mi corico e subito mi addormento: tu solo, Signore, al sicuro mi fai riposare» (Sal 4,9).
Che essa si riposi, ti prego, mio Dio, che si riposi dal ricordo di quanto è sotto il cielo, sveglia per te solo, come sta scritto: «Io dormo, ma il mio cuore veglia» (Ct 5,2). La mia anima non può essere in pace e al sicuro, mio Dio, se non sotto le ali della tua protezione (Sal 91 [90],4). Che essa dimori dunque eternamente in te e che sia infiammata dal tuo fuoco. Che, elevandosi al di sopra di sé, ti contempli e canti le tue lodi nella gioia. In mezzo alla confusione che mi agita, che i tuoi doni siano la mia dolce consolazione, finché io venga a te che sei la pace vera.[100]

[100] Sant'Agostino, *Meditazioni*, cap. 37.

Indice

Terza parte
Cosa è accaduto

Finito di stampare nell'agosto 2010 presso
Grafica Veneta - via Malcanton, 2 - Trebaseleghe (PD)
Printed in Italy